「領事報告」掲載

タイ（暹羅）関係記事目録

1885‐1943年

南原 真 編

三惠社

まえがき

　本目録は拙稿『「領事館報告」掲載タイ（暹羅）関係記事目録　明治30年から昭和18年迄』法政大学比較経済研究所，2001年，78頁と同「日本領事報告掲載のタイ（暹羅）関係記事の概要と特徴」『東京経大学』第225号，237—253頁，2001年をベースとして加筆と修正をし、索引（地名と事項）を新たに作成したものである。

　戦前の日本の領事報告は，海外各地の経済，金融・財政，商業，貿易，産業，交通，条約・関税等の経済事情の紹介にとどまらず，社会，流行，風俗，移民，検疫に至る実に幅広い内容を多岐に渡り伝えていた。また，タイと日本の2か国間の貿易や商業情報だけではなく，近隣諸国の英領ビルマのラングーン米や仏領インドシナなどのサイゴン米などを含む情報を網羅的に伝えていることも特徴となっている。

　東南アジアの領事報告の記事目録は早瀬晋三編，『「領事報告」掲載フィリピン関係記事目録　1881—1943年』，龍渓書舎，2003年が出版されており，タイとフィリピンの2か国では利用できる状況になっている。また，最近の東南アジアの記事目録の整備状況については，解説を参照されたい。

　本目録が多くの研究者や大学院生に利用されることを期待したい。日本とタイの2か国の関係史は，領事報告の多岐に渡る内容から様々な研究テーマに活用できるものと思われる。また，フィリピンや他の東南アジア諸国の記事からも特定のテーマで比較研究することができる。

　本目録が研究の発展の一助になれば幸いである。

2019年1月

南原　真

目　次

まえがき・・・・・・・・・・・・・・・・・・・・・・・・・・・・・3

解説・・・・・・・・・・・・・・・・・・・・・・・・・・・・・・5

「領事報告」掲載タイ（暹羅）関係記事目録，1897—1943 年

1. 『通商彙編』1881−86 年・・・・・・・・・・・・・・・・22
2. 『通商報告』1886−89 年・・・・・・・・・・・・・・・・22
3. 『官報　通商報告欄再録』（復刻版頁）1890−93 年・・・・・・・22
4. 『通商彙纂』1894−1913 年・・・・・・・・・・・・・22
5. 『通商公報』1913−24 年・・・・・・・・・・・・・・・・43
6. 『日刊海外商報』1925−28 年・・・・・・・・・・・・・67
7. 『週刊海外經濟事情』1928−43 年・・・・・・・・・・・・78

索　引

1. 「領事報告」地名索引・・・・・・・・・・・・・・・・・・・・95
2. 「領事報告」事項索引・・・・・・・・・・・・・・・・・・・・99

解　説

はじめに

　日本の領事報告は，明治以降の本邦製品の輸出拡大ならびに海外からの輸入促進に有益な通商情報をもたらし貿易の進展に貢献した。本解説では明治から昭和にかけて刊行された領事報告のタイ関連記事の特徴と傾向について要約し，その意義を明らかにしたい。バンコクに領事が任命されたのは明治30年（1897年）となっている[1]。
タイからの領事報告は，この年から日本の通商局が廃止された1943年（昭和18年）10月まで，1600件以上にのぼった[2]。

　本邦の商工業者にとってこれらの領事報告は重要な情報源であり，海外通商情報源としても活用された。一方，民間最大の商社三井物産がバンコクに事務所を開設したのは1906年であり，独自に情報のネットワークの確立を目指していた[3]。

1.　『通商彙纂』（1897-1913）

　『通商彙纂』は1894年（明治27年）1月から刊行され1913年3月まで続いた「帝国領事報告」である[4]。当初は毎月1回の発行であったが，1895年5月から月2回，1897年6月から月3回，1900年4月に再び月2回に，1902年7月から週1回，1903年4月以降月6回と年6回の臨時増刊と発行回数が増えていった[5]。

　『通商彙纂』は1913年（大正2年）4月から週2回発行の『通商公報』（1913-1924年）に引き継がれた。『通商公報』はさらに『日刊海外商報』（1925-28年），『週刊海外經濟事情』（1928-43年）へと継承されていった。

　『通商彙纂』の内容は政治的外交情報とは区分された通商経済情報であり，民間業者の日本製品輸出振興を促進するための情報を中心に掲載された。その内容は海外各地での経済，金融・財政，商業，貿易，産業，交通，条約・関税等の経済情報だけに留まらず，社会，流行，風俗，移民，検疫に至るまで多岐に渡っていた。また，日本の競争国の製品動向や政変や事変の日本製品に及ぼす影響，世界各地での多数国にわたるマーケティング調査も多く実施されており，単に日本と特定外国の2カ国間関係だけではなく，多元的，複眼的視点も含まれている。

　タイの情報が暹羅公使館から「暹羅（シャム）」の名称として『通商彙纂』に初めて登場したのは1897年（明治30年）である。暹羅公使館，盤谷領事館から報告がなされているが，圧倒的に盤谷領事館から報告されているものが多い。表1は『通商彙纂』に掲載され

表1　通商彙纂年次別内容別報告件数　1897年—1914年

年度 内容（分類）	1897年 明治30年	1898年 明治31年	1899年 明治32年	1900年 明治33年	1901年 明治34年	1902年 明治35年	1903年 明治36年	1904年 明治37年	1905年 明治38年
商業	1	2	41	2	3	6	10	12	13
農業		2	2		1		1	1	2
雑報		1	1	3	7	4	4	3	8
交通及通信			3		4	2	2		2
水産業							1		1
林業									
鉱業								1	
畜産業									
工業			2						
財政及経済									
貨幣及金融					1	2	4	1	
移民及労働									
居留地及居留民									
検疫及衛生									
条約及諸法規									
関税		1	1	1					
博覧会及各種会議									
海外貿易品取扱商紹介									
時事									
各地事情									
電報						1			
臨時								1	
附録		1							
合計	1	7	50	6	16	15	22	19	26

（注）表1の件数は，暹羅公使館と盤谷領事館からの報告件数である。件数と分類は著者の目次・索引からの計算による。
（出所）外務省通商局，通商彙纂各年度版。

た暹羅関連記事の件数，内容を各年度別にまとめたものである[6]。1897年以前の暹羅（シャム）関連の記事は，主に香港とシンガポールの領事館から報告されていた[7]。

表1を見ると『通商彙纂』に掲載された暹羅の記事数は447件に達し，1899年と1908年から1911年にかけて件数が特に多いことがわかる。分類項目数では商業の件数がもっとも多く全体の約61％の271件を占める。次に雑報の41件，農業の35件，交通及通信の30件，貨幣及金融の11件と続く（表1を参照)。

商業の中で占める割合が高い項目として，米情報と貿易があげられる。特に米の情報は186件に達しその内容も暹羅（シャム）米況，柴棍（サイコン）米況からビルマ，サイゴンの近隣諸国の米況にまで及んでいる[8]。貿易は67件を数えるが中心になっているのは盤谷港貿易である[9]。その他の個別の報告では酒類，燐寸，陶磁器のタイの輸入動向，チークや木材の林業，石炭，石盤石，鉱産物の鉱業，燐寸（マッチ），金箔，線香，雑貨の軽工業品，胡淑，綿花，護謨栽培などの農業がある。

領事報告を構成する『通商彙纂』，『通商公報』，『日刊海外商報』，『週刊海外經濟事清』は各大学図書館に原本や復刻版が一部保管されているが，早稲田大学中央図書館と一橋大学中央図書館には原本が，一部欠落があるものの，ほぼ体系的に備えられていて閲覧に便利である。復刻版は，『週刊海外經濟事清』を除く領事報告が出版されている[10]。なお，各大学・研究機関の所蔵状況については，OPAC 及び「学術雑誌総合目録　和文編 1996年版」文部省学術情報センター編，丸善株式会社，平成9年で調べられる。

1906年 明治39年	1907年 明治40年	1908年 明治41年	1909年 明治42年	1910年 明治43年	1911年 明治44年	1912年 明治45年	1913年 大正元年	1914年 大正2年	内容別合計
20	17	27	30	26	27	17	13	4	271
1	1	3		1	11		7	2	35
5	2	1	1		1				41
3	1	2	5		2	1	2	1	30
				1					4
				1		5	1		7
		1			1		1		4
					1				1
		1						1	4
	1						1		2
1					1			1	11
	1								1
	3	1	1	1					6
	1		1						2
	1				1		1		3
									3
				2	2				4
				2			2		4
			1	2	2	2			7
			1			1			2
							1	1	3
									1
									1
30	28	36	41	36	49	26	29	10	447

『通商彙纂』の目録については各国別で分類されたものが，角山栄・高嶋雅明監修，『領事報告資料目録』，雄松堂フイルム出版，1983年，として出版されている。『通商公報』の目録は，復刻版の『通商公報　解説・総索引　全4巻』，不二出版，1997年が利用できる。

また，『日刊　海外商報』の目次は，『日刊　海外商報　解説・総目次』，不二出版，2005年が出版された。

2. 『通商公報』（1913-1924）

『通商公報』は『通商彙纂』の後を受け，1913年（大正2年）4月から1924年（大正13年）2月まで刊行された「帝国領事報告」である。発行回数は毎月8—9回であった。

タイに関する『通商公報』の報告件数の推移は表2に示したが，総件数は560件に達し特に1921年から増加している。『通商公報』の年平均報告件数は46件であり，『通商彙纂』の年平均24件の約2倍に達している。

明治から大正にはいり，報告内容も多様化している。全体的な傾向としては商業が全体の29%，以下電報が23%，農業が12%，商品市況が9.6%と続く。『通商公報』では米情報と貿易 ばかりではなく，数多くの商品やマーケティング情報が登場した。パナマ帽子，絹布類，綿毛布，硝子紙，人力車，自転車，雑貨等の軽工業品から，石炭，セメントの原料，糖業やセメントの産業調査等多岐にわたった。それらは本邦品の需要状況から荷造り，商

表2 通商公報内容別報告件数

(1913年－1924年)
(大正2年4月－大正13年12月)

内容（掲載欄）\年度	1913年 大正2年	1914年 大正3年	1915年 大正4年	1916年 大正5年	1917年 大正6年	1918年 大正7年	1919年 大正8年	1920年 大正9年	1921年 大正10年	1922年 大正11年	1923年 大正12年	1924年 大正13年	合計
商業	17	27	15	18	11	10	10	3	18	27		5	161
農業	7	11	15	12	3	3	3	4	5	3			66
交通及通信		2	2	5	3	4	4						20
交通及港湾									1	2			3
交通								1	1				2
交通、保険、倉庫及港湾												2	2
鉱業		1		1						1			3
工業			1	1	1								3
財政及経済		1	1				7	4	3	2			18
経済										1			1
移民労働社会				1							1		2
検疫並衛生	1	1							2	1			5
外国法規					1				2	1	1		5
商品市況											35	19	54
貿易一般											9	5	14
関税及諸法規		2			1					2			5
関税及外国法規							2	1					3
関税及外国条約								1	1				2
博覧会及各種会議		1											1
紹介	1	8	5	8	1	3	4	2	6	1	2		41
各地事情				1									1
電報	1	2	2	5	6	3	13	2	25	49		23	131
速報									5	7		1	13
産業機関											1		1
雑報											1		1
雑録												1	1
附録											1		1
合計	27	56	41	52	26	23	43	16	69	97	54	56	560

(注) 表2の件数は、暹羅公使館と盤谷領事館からの報告件数である。件数と分類は著者の目次・索引（館別掲載欄）からの計算による。電報は当初館別の掲載欄には表記されていなかったが、1916年から電報の掲載欄を入れている。1913年と1914年の電報は索引には掲載されていないが、電報欄に報告記事があったため表報に分類した。
(出所) 外務省通商局、通商公報各年度版。

習慣にいたるまで網羅されている[11]。また，日本製品のアジアへの輸出促進や両国の貿易振興のために タイでの輸出入商を記述した「紹介」欄が，明治時期の『通商彙纂』の10倍をこす41件に増加した。

報告書の中で注目されるものとして，「暹羅米事情」があげられる[12]。58頁におよぶ同報告書は第一章の稲作状況一班，第二章の精米，第三章の貿易の3章で構成されている。

第一章では栽培法及収穫調整や土地や労力に関する生産費の分析，第二章では精米法，生産費，バンコクに於ける精米所名・系統別表・日産精米能力，第三章では貿易先の動向分析，米取引に関する情報すなわちバンコクに於ける米取扱商社，船積迄に要する諸経費，白米船渡相場，運賃表，暹羅米管理令を含む詳細なものとなっている。特に米や精米の生産費用，貿易に関する運賃を含む諸経費の分析，米の輸出経路の報告が特徴となっている。

また，セメントの産業調査ではタイだけではなくアジア諸国の複数国にわたって，横断的に数回調査が行われた[13]。タイにおける日本製品の需要動向調査では，金物，塗料，文具，薬品，硝子製品，電気用器具，ビール，缶詰，マッチ，ゴム製品，玩具，石けん，靴，自転車，石炭，セメント，綿布類，綿製品等39品目に及ぶ本邦製品のおおまかな調査報告が出ている[14]。その他本邦商品の有望商品や売り込みに際してのアドバイス等の報告もなされている[15]。

3. 『日刊海外商報』（1925-1928）

『日刊海外商報』は『通商公報』の後を受け，1925年(大正14年)1月から1928年(昭和3年)3月まで刊行された「帝国領事報告」である。日刊で毎号約10-15頁であったが，1926年4月からは新聞スタイルにあらためタブロイド版で4頁となった。

この時期の特徴として，内容の項目分類が従来の多岐にわたるものから，商品市況，貿易，経済一般，商取引紹介，電報，雑録，欄外の7項目に簡素化された。

表3には『海外商報』のタイに関する報告件数の推移が示されているが，総件数は244件であり，1927年までの3年間では年平均75件に達している。明治から大正末にかけても件数は一貫して増加傾向にある。

分類では商品市況の比率が64％の157件を占め圧倒的に高い。なかでも米相場の報告件数の多さが目立っている。

報告書の中で詳細にタイ経済や地域の事情を扱ったものとして，「暹羅の資源，産業並外國貿易」と「北部暹羅經濟事情」がある[16]。後者の報告は北タイの主要産業や綿花栽培，スティラックの培養，チーク林，チェンマイ市の漆器についてふれている。

商品市況の項目で米以外には木材，チーク，樟脳，食品・飲料，ビール，魚類缶詰，果物・野菜，牛皮，金箔，スプーン・フォーク，絹物，亜鉛引鉄板，自転車等が掲載されている。貿易では1923年の貿易動向について報告されたものが多く，その中では「暹國原料

品輸入貿易」，「暹國製造品輸入貿易『其一』『其二』」が詳細な報告をしている[17]。

表3　日刊海外商報内容別報告件数

（1925年—1928年）
（大正14年—昭和3年3月）

内容（類別）	1925年 大正14年	1926年 大正15年	1927年 昭和2年	1928年 昭和3年3月迄	合計
商品市況	70	51	58	15	194
貿易一般	12	2	4	2	20
農業		1			1
林業	1				1
鉱業		1			1
産業機関	1	1			2
財政及経済	1				1
関税及条約			4		4
検疫及衛生		1			1
各地事情			2		2
商取引紹介（紹介欄）	2	9	4	1	16
不明	1				1
合計	88	66	72	18	244

（注）表3の件数は，暹羅公使館と盤谷領事館からの報告件数である。
件数と分類は著者の目次・索引（類別）からの計算による。
（出所）外務省通商局、日刊海外商報各年度版。

表4　海外経済事情内容別報告件数

内容（類別）	1928年 昭和3年	1929年 昭和4年	1930年 昭和5年	1931年 昭和6年	1932年 昭和7年	1933年 昭和8年	1934年 昭和9年	
農業			2	1	5	6	5	
畜産業				1				
林業					1			
工業			1		1	2		
商品	10	15	17	8	12	24	15	
鉱業			2	3				
貿易	3	3	5	4	17	12	12	
財政及経済			6	6	8	10	6	
商業経理		2		1				
交通，保険，倉庫及港湾		1	1	1	2	3		
関税及条約	1	1	1	7	8	5		
紹介	3	3	1	2		12	8	
商品・紹介								
外国法規	2		1	3	3	3		
各地事情				1		1		
附録								
合計	19	25	38	37	57	78	46	

（注）表4の件数は，暹羅公使館と盤谷領事館からの報告件数である。件数と分類は著者の目次・
索引（類別）からの計算による。1938年は記事中の目次・検索による。
（出所）外務省通商局、海外経済事情各年度版。

4. 『海外經濟事情』（1928-1943）

　『海外經濟事清』は『日刊海外商報』の後を受け，1928年（昭和3年）4月から刊行された「帝国領事報告」である。毎月曜日発行の週刊であったが，1935年からは半月刊行となった。1943年に月刊となり，同年10月通商局の廃止とともに廃刊された。

　『海外經濟事情』には一般経済，産業事情，貿易報告が主に掲載された。

　表4には『海外經濟事情』のタイに関する報告件数の推移が示されているが，総件数は374件であり，年平均23件に達している。特徴としては1928年から1934年にかけて報告件数が集中しており，全体の8割の300件を占めている。1935年からは報告件数は著しく減少しており，その報告内容も貿易に関するものが多い。報告件数の減少は，電報・商況・商取引紹介等の掲載が，『外務省通商局日報』に転載されたことによる[18]。1934年までは商品，紹介，貿易，財経，関税に関する報告が多く，日本製品のマーケティングが重視されていた。

　全体の分類では貿易の比率が32%の117件を占め，次に商品が106件となっており，両者の比重が6割に達し圧倒的に高い。

　以下各報告書の中で目立ったものをいくつか紹介したい。まず注目されるのは海外，特に中国における事変がタイの貿易に及ぼす影響を2回報告していることである。最初は1931

（1928年―1943年）
（昭和3年3月―昭和18年）

1935年 昭和10年	1936年 昭和11年	1937年 昭和12年	1938年 昭和13年	1939年 昭和14年	1940年 昭和15年	1941年 昭和16年	1942年 昭和17年	1943年 昭和18年	合計
									19
									1
									1
1									5
2	1			1	1				106
									5
4	8	7	6	14	10	11	1		117
		1						2	39
									3
									8
									23
									29
		1							13
									1
	1	2							3
7	11	10	6	15	11	11	1	2	374

年の満州事変の時に「バンコックに於ける排日貨状況」，二回目は「日支事鍵が暹羅封外貿易に及ぼせる影響」として報告された[19]。前者の報告書は排日の趨勢と現状分析さらに今後の対策にまで言及している。

　各産業や製品マーケティング情報に関しては興味深い報告書が書かれている。例えば，タイにおける諸外国の経済，特に商業活動を報告したものもあり，その中では「シャムに於ける欧米諸國特にドイツの經濟的活動」がドイツのタイでの経済的勢力を総体的に網羅し，かつ日本商品との比較を念頭に報告している[20]。特にドイツ人商人の取引形態を掛売，代理店制度，問屋，一商標一店主義の各側面から詳細に調査し，日本人商人との取引形態の相違を指摘している。

　各商品のマーケティング情報では，「シャム市場に於ける日本商品の地位」の報告が連載で4回，1932年になされており，欧米特に英国製品との競合を考察している報告も見られる[21]。ここで扱われている日本商品は綿布・綿製品，綿糸，人絹，絹布・絹製品，帽子類，金属製品，電気用品，硝子製品，陶磁器，紙・紙製品，文房具，護謨製品，玩具，皮革製品，セルロイド製品，ブラシ類，時計，薬品，セメント，石炭，魚類，蔬菜類，茶，加工乳，麦酒の25品目におよび，詳細な調査報告となっている。

　また，タイ政府が公式に発表したバンコク市場における卸売り価格が，1933及び34年に掲載された。これは経済省による調査で，食料品を中心に20品目以上の卸売り価格を公表したものである[22]。

5. 日タイ間貿易の推移

　まず表5における1897年から1943年までの日タイ間の貿易動をみていきたい。さらに表6の1900年から5年毎の主要輸出10品目と輸入5品目の推移を考察する。

　日タイ間の貿易は，日露・第一次世界大戦を契機に大きく発展しているが，1897年から1930年代初頭まで，例外の年度はあるものの日本側の貿易収支の大幅な赤字となっている。1933年以降は，輸出の急激な増加により貿易収支は日本側の大幅な黒字基調が続いた。日本のタイへの輸出額は日露戦争時には約16万円にすぎなかったが，第一次世界大戦直前には100万円を超え，大戦末期には607万円を記録，1927年には1000万円台に，1935年以降は4000万円台で推移し，極めて急激な伸びを示した。輸出と輸入を合計した貿易額で見ると，第一次世界大戦の景気ブームの反動（1920-21年），満州事変による日貨排斥や世界恐慌の影響を受けた年（1931-32年）を除けば，著しい貿易の伸びを記録した（表5の貿易指数を参照）。

　日タイ間の貿易の推移を検討する上で，香港やシンガポールの中継ぎ港の存在とその役割を考察しなくてはならない。特に香港を中継地として中国人商人やインド人商人の取引によってタイへ多くの日本製品が輸出されたため，日タイ間の直接貿易だけでは，両国の

貿易の実態を捉えることができないという問題が生じたからである。さらに，日本側の対外貿易統計から見た日タイ間の貿易が，タイ側からの貿易統計と適合しないといった問題も生じた。

　領事報告『通商公報』は，日タイ間の貿易統計の乖離について以下のように報告している。日暹直接貿易にして其以外に香港經由本邦輸出入品あるいは例年報告の通りにして其幾何の價額に達するやは統計の徴すべきものなきを以て之れを知る由なきも我大蔵省公表大正六年日本財政經濟年報に擦れば大正五年暹羅より日本へ輸入二百九十四萬九千餘圓此の暹貨約四百二十餘萬銖，日本より暹羅へ輸出二百十一餘萬圓此暹貨約三百十六萬銖となる之れを別記暹羅國輸出入統計表に現はれた日暹直接貿易額に比するに（日本は一月より十二月に至り暹羅は四月より三月に至る統計の編纂なるを以て等しく一年分なるも月に差違あり如く両者を比較す）暹羅より日本への輸出は暹羅側統計に於て大正五年度三百九十餘萬銖少なく日本より暹羅への輸入二百六十餘萬銖多きを見れば其差額は即ち香港經由の日暹貿易にして同港仲介の事實により日本たり又は暹羅たる原産地名を失へるものなるべし」[23]

　タイの貿易における香港やシンガポール経由の取引において，原産地証明が統計上に現れ始めたのは，1930/31年度の貿易統計からであった[24]。タイの香港からの輸入は主に中国・日本製品で，シンガポールからは欧米，蘭領インド，インド貨物が主であった。1930/31年度の逼羅の日本からの直輸入額は1144万8000チカル（バーツ），香港・シンガポール両地経由の日本原産貨物の輸入額は605万1000チカル（バーツ）で，合計して日本からの輸入額は1749万9000チカル（バーツ），全体の11.3％を占めている[25]。これは，香港。シンガポールの両地経由での日本製品のタイへの輸入額の高さを示しており，日タイ二カ国間の直貿易だけでは貿易の実態が明らかにならないことを示唆している。

　次に日タイ間の主要貿易品目について考察したい。まず，表7の1900年から1939年までの5年毎の日本のタイへの主要輸出10品目を見てみる。年度により差異はあるものの，石炭などの原料，羽二重，縮緬等の絹製品，綿襦袢，綿製肌衣，ブランケット等の綿製品，陶磁器，靴，燐寸，帽子などの軽工業品や鉄製品が中心であった。一方，輸入では年度を問わず，米とチーク材が主要2大品目で全輸入額の8割から9割のシェアを占めたが，中でも米の占める割合の高さが特徴となっている。タイ米は日本では主に食糧としてではなく，「本邦輸入のシャム米は殆ど砕米で，主として飴に，一部は焼酒，麥酒，糊等の原料に供せられる。」[26]と他の用途に利用されていた。

表1　日本ータイ貿易額

(単位：千円)

年度	輸出	輸入	貿易収支	貿易(輸出＋輸入)	貿易指数
1897	22	1191	-1169	1213	100
1898	42	4174	-4132	4216	347.6
1899	27	757	-730	784	64.6
1900	36	585	-549	621	51.2
1901	32	1195	-1163	1227	101.2
1902	56	1696	-1640	1752	144.4
1903	74	3726	-3652	3800	313.3
1904	159	5786	-5627	5945	490.1
1905	104	4587	-4483	4691	386.7
1906	235	3191	-2956	3426	282.4
1907	338	2739	-2401	3077	253.7
1908	2309	2688	-379	4997	412
1909	481	2595	-2114	3076	253.6
1910	533	2636	-2103	3169	261.3
1911	497	2321	-1824	2818	232.3
1912	1337	3537	-2200	4874	401.8
1913	1035	5793	-4758	6828	562.9
1914	563	4174	-3611	4737	390.5
1915	778	2808	-2030	3586	295.6
1916	2111	2949	-838	5060	417.2
1917	2208	4353	-2145	6561	540.9
1918	6077	5731	346	11808	973.5
1919	3395	29937	-26542	33332	2747.9
1920	4201	3245	956	7446	613.9
1921	2652	11258	-8606	13910	1146.7
1922	5599	22855	-17256	28454	2345.8
1923	3843	12063	-8220	15906	1311.3
1924	4181	18482	-14301	22663	1868.3
1925	7820	23735	-15915	31555	2601.4
1926	9271	14358	-5087	23629	1948
1927	11146	22260	-11114	33406	2754
1928	5764	19067	-13303	24831	2047.1
1929	10633	20812	-10179	31445	2592.3
1930	9477	18843	-9366	28320	2334.7
1931	4722	6792	-2070	11514	949.2
1932	8581	11198	-2617	19779	1630.6
1933	18124	12256	5868	30380	2504.5
1934	28048	1540	26508	29588	2439.2
1935	40258	5458	34800	45716	3768.8
1936	43028	8757	34271	51785	4269.2
1937	49382	13571	35811	62953	5189.9
1938	39269	4951	34318	44220	3645.5
1939	26024	5536	20488	31560	2601.8
1940	49346	52963	-3617	102309	8434.4
1941	65649	182903	-117254	248552	20490.7
1942	66462	166902	-100440	233364	19238.6
1943	87833	49169	38664	137002	11294.5

（注）貿易収支，貿易，貿易指数は，出所の資料より著者作成。
　　　　貿易指数は 1897 年を 100 とする。
（出所）日本統計協会，日本長期統計総覧　第3巻，1988 年，70-71 ページ。

表2　日本のタイへの輸出入主要貿易品

(単位：額は円、但し1920, 1925, 1930年は千円表示、シェアは%)

輸出		1900			1905			1910		
		品目	額	シェア	品目	額	シェア	品目	額	シェア
1		石炭	5400	15.2	甲斐絹（綿入ノ）	24525	23.7	羽二重　平織	78232	15
2		絹襦袢	4257	12	紙巻煙草	10048	9.7	羽二重　紋織及綾織	55901	10
3		磁器及陶器	3504	9.8	羽二重　平織り	7956	7.7	靴	44074	8
4		其他諸雑品	3440	9.7	縮緬	6004	5.8	ラムプ及同部分品	37836	7
5		帽子	2040	5.7	甲斐絹	5078	4.9	縮緬	28122	5
6		皮革製品	1759	4.9	其他諸絹製品	3193	3.1	絹綿製甲斐絹	25066	4.7
7		其他諸衣類及附属品	1323	3.7	沃度剥篤亜斯	3187	3.1	綿メリヤス製肌衣	20901	3.9
8		浴巾	1157	3.3	其他諸衣服及附属品	2912	2.8	絹製甲斐絹	19061	3.6
9		縮緬	1016	2.9	石炭（塊）	2415	2.3	綿縮製肌衣	18186	3.4
10		洋傘	850	2.4	磁器及陶器	2212	2.1	其他ノ絹布及絹綿布	16729	3.1
		上位10品目小計	24746	69.5	上位10品目小計	67530	65.3	上位10品目小計	344108	64.5
		輸出合計額	35621	100	輸出合計額	103341	100	輸出合計額	533098	100

輸入		1900			1905			1910		
		品目	額	シェア	品目	額	シェア	品目	額	シェア
1		米	284178	48.5	米	3773100	82	米	1950653	74
2		チーキ材	224019	38.3	チーキ材	736824	16	チーキ木材	491901	19
3		生絹	36922	6.3	鹿皮	28179	0.6	生絹	51009	1.9
4		他ノ諸木材及板	16462	2.8	生絹	22205	0.5	象牙	19028	0.7
5		鹿皮	12571	2.2	其他諸角牙介甲類	6951	0.1	繰綿	17369	0.7
		上位5品目小計	574152	98.1	上位5品目小計	4567259	99.6	上位5品目小計	2529960	96
		輸入合計額	585480	100	輸入合計額	4586555	100	輸入合計額	2635575	100

輸　出	1915			1920			1925		
	品　目	額	シェア	品　目	額	シェア	品　目	額	シェア
1	石炭（塊）	38318	4.9	生金巾生シーチング	585	13.9	ブランケット（綿製）	621	7.9
2	天竺布	35507	4.6	其他ノ紙（其他）	282	6.7	綾木綿（ドリル）	586	7.5
3	其他ノ布	30218	3.9	天竺布	219	5.2	晒金巾	574	7.3
4	平織羽二重	25488	3.3	晒金巾及晒シーチング	167	4	縞木綿	405	5.2
5	縮緬	24748	3.2	綾木綿	152	3.6	其他ノ学術器及同部分品	324	4.1
6	紋織及綾織羽二重	21385	2.7	其他ノ雑品	122	2.9	其他ノ雑品	318	4.1
7	鐵製品	19136	2.5	絶縁電線	117	2.8	生金巾	316	4
8	安全製燐寸	18368	2.4	ブランケット（綿製）	110	2.6	琺瑯鐵器	313	4
9	鑵	17999	2.3	綿フランネル	103	2.5	羽二重	251	3.2
10	小包郵便物	17254	2.2	陶磁器	90	2.1	綿織絲	246	3.1
	上位10品目小計	248421	31.9	上位10品目小計	1947	46.4	上位10品目小計	3954	50.6
	輸出合計額	777739	100	輸出合計額	4200	100	輸出合計額	7820	100

輸　入	1915			1920			1925		
	品　目	額	シェア	品　目	額	シェア	品　目	額	シェア
1	米及籾	2563013	91	米及籾	1550	47.8	米及籾	22442	94.6
2	チーキ木材	88176	3.1	チーキ木材	928	28.6	チーキ木材	737	3.1
3	寶絹	74707	2.6	牛皮及水牛皮	256	7.9	花梨木，鐵刀木，紫檀類	268	1.1
4	鹿皮及山馬皮	24709	0.9	縞黒檀	200	6.2	鉛（塊及錠）	157	0.7
5	花梨木，鐵刀木，紫檀類	21404	0.8	寶絹	76	2.3	錫（塊及錠）	62	0.26
	上位5品目小計	2772009	98.7	上位5品目小計	3010	92.8	上位5品目小計	23666	99.7
	輸入合計額	2807776	100	輸入合計額	3245	100	輸入合計額	23734	100

		1930			1935			1939		
		品　目	額	シェア	品　目	額	シェア	品　目	額	シェア
輸出	1	其ノ他絹織物	581	6.1	ポプリン綿布	2793292	6.9	金巾（幅34吋以上）晒綿布	3359827	12.9
	2	細綾綿布	502	5.3	鐵板（亜鉛鍍シタモノ）	2527506	6.3	ポプリン（其ノ他ノ綿布）	2636616	10.1
	3	縮緬	444	4.7	金巾幅34吋以上晒綿布	2372760	5.9	ポプリン（晒綿布）	1294123	5
	4	琥珀織器	405	4.3	縮緬及壁織（人造）	2078362	5.2	其ノ他（其ノ他ノ綿布）	1246919	4.8
	5	金巾綿布	374	3.9	綿製ブランケット	1934835	4.8	金巾（其ノ他）生地綿布（無漂ノモノ）	1030722	4
	6	ブランケット（綿製）	366	3.9	更紗綿布	1353648	3.4	其ノ他ノ金属	1001749	3.8
	7	陶磁器	339	3.6	綿製単製サロン	1348656	3.4	綿製サロン（単製）	874004	3.4
	8	其ノ他綿布	291	3.1	染金巾綿布	1203804	3	綿製ブランケット	745326	2.9
	9	フェルト製帽子	253	2.7	其ノ他綿布	1127578	2.8	縮緬及壁織（人絖珀織及ポプリン）	735212	2.8
	10	縞木綿布	214	2.3	羽二重（人造）	762387	1.9	更紗（其ノ他ノ綿布）	726562	2.8
		上位10品目小計	3769	39.9	上位10品目小計	17502828	43.5	上位10品目小計	13651060	52.5
		輸出合計額	9476	100	輸出合計額	40258136	100	輸出合計額	26023875	100
輸入	1	碎米	12738	67.6	碎米	2985753	54.7	碎米	2518875	46.6
	2	精米	4470	23.7	チーキ	1294407	23.7	チーキ	1047625	19.4
	3	チーキ木材	883	4.7	其ノ他ノ国檀、花梨木、鐵刀木、紫檀皮	318752	5.8	精米	791800	14.6
	4	其ノ他ノ国檀、花梨木、鐵刀木、紫檀類	328	1.7	牛皮及水牛皮	258360	4.7	セルラック	281912	5.2
	5	鐵（屑及故）	238	1.3	インジアラッバー及ガタパーチヤ	140464	2.6	牛皮及水牛皮	261195	4.8
		上位5品目小計	18657	99	上位5品目小計	4997736	91.6	上位5品目小計	4901407	90.7
		輸入合計額	18843	100	輸入合計額	5457551	100	輸入合計額	5405964	100

（出所）大蔵省編纂、大日本外國貿易年表各年度版より作成。

おわりに

　今まで考察してきたように領事報告は，明治から昭和にかけて報告件数の増加がみられ，記事内容においてもより詳細なものとなっている。タイの産業，商業，貿易，財政等のマクロ経済情報から関税，各商品のマーケティング情報，日タイ間の貿易動向など多岐にわたる内容が記事として掲載された。

　領事報告は日本経済史研究にとって不可欠で重要な史料であるばかりではなく，海外各地の歴史・地域研究にとっても貴重である。しかしタイ経済史研究や日・タイ関係史研究において，領事報告が十分に活用されてきたとは言いがたい。東南アジアの中ではフィリピンに関して，領事報告の目録と解説が作成されている[27]。『海外経済事情』の記事目録と概要については，蘭領東インド（インドネシア）を除いて利用できる状況になっている[28]。

　タイ経済史研究において領事報告はさまざまな視点から，今後活用できると思われる。例えば1930年代に世界恐慌の影響から，安価で購入しやすい本邦製品がタイで欧米製品と競合した例についても，英国の領事報告をも利用し，タイの公文書館のタイ側資料と日英の領事報告の3カ国の資料から分析すれば，新たな視点からの調査が実施できよう。

---

[1] 角山栄編者（1986，499頁）

[2] この件数は著者が各領事報告のタイ関連記事を記事中の題目，目次，索引から計算した数字である。

[3] 三井物産のアジアの支店・出張所の開設は明治9年から45年にかけて33箇所に達した。主な地域は上海（1877年），香港（1878年），シンガポール（1891年），ボンベイ（1893年），台北（1896年），ジャワ（1901年），北京・広東（1902年），カルカッタ（1906年），ラングーン・サイゴン（1907年）である。その他の地域の詳細は，栂井義雄　（1974，43頁)を参照。戦前の三井物産のタイでの事業展開は，南原真（2005）を参照。

[4] 『通商彙纂』の前身は明治15年7月に刊行された『通商彙編』（1881-86年）であり，それは明治19年度から『通商報告』（1886-89年）に継承された。また，明治23年1月からは『官報』に掲載され，明治26年12月まで続いた。

[5] 早瀬晋三（2003，5頁）

[6] 解説の『通商彙纂』，『通商公報』，『日刊海外商報』，『海外經濟事情』の表1〜4に掲載されている件数は，暹羅公使館と盤谷領事館から報告された件数である。可能なかぎり記事中の題目に従うよう努めたが，不備な号数や不明確なものは目次と索引によっている。

[7] 本書には1897年以前の15件の報告も記事目録として収集している。

[8] 186件の内訳は柴梶(サイゴン)米況92件，ラングーン米況21件，西貢米況19件，蘭貢米況7件，暹羅米作に関連する記事12件，盤谷米価関連9件，暹羅米関連記事8件，仏領印度支那米や西貢米関連7件，暹羅米（商）況5件，蘭貢米関連3件，2か国の米関連記事3件である。この件数は著者の検索と計算によっている。米に関する情報は英領ビルマのラングーン米、仏領インドシナの西貢米や柴梶米況の件数が8割以上

を占めていること関連記事では，米調査，米価の相場，輸出状況，米関係機関など幅広い内容が特徴となっている。

9 67件の内訳は盤谷港輸出入貿易統計33件，盤谷貿易年報8件，盤谷港貿易年報4件，盤谷貿易統計2件，盤谷貿易概況2件，盤谷関連記事6件，暹羅貿易（北部，国境，2カ国間貿易含む）7件，暹羅関連記事4件，仏領印度支那1件であり，この件数は著者の検索からの計算によっている。

10 復刻版については『通商彙纂』は，不二出版（1989-），『通商公報』は，不二出版（1997-）『日刊海外商報』は，不二出版（2005-2006）を参照。

11 「盤谷に於ける本邦品需要状況」，通商公報，第627號（大正8年6月9日發行）887-92ページ。「暹羅輸入本邦商品の荷造に付て」，第632號（大正8年6月26日發行），1090-91頁。

12 通商公報，第36巻909號（大正11年1月31日發行），30-87頁。

13 「セメント需給状況『香港，新嘉波，暹羅，比律賓』」，通商公報，第542號（大正7年8月8日發行），461-7頁。「セメント需給状況『牛荘，蘇州，盤谷』」，通商公報，第602號（大正8年3月17日發行），832-4頁。

14 「盤谷に於ける本邦品需要状況」，通商公報，第627號（大正8年6月9日發行），887-92ページ。

15 例えば，「暹羅に於ける有望本邦製雑貨（帽子類，革製品，ランプ類）」，通商公報，第166號（大正3年11月16日 發行），585-93頁。「本邦商品に對する注意『暹羅』」，通商公報，第 374號（大正5年12月7日發行），944-5頁。「暹羅輸入本邦商品の荷造に付て」，通商公報，第632號（大正8年6月26日發行），1090-91頁。

16 前者は日刊海外商報，第906號（昭和2年7月31日發行），613-18頁，後者は日刊海外商報，第982號（昭和2年10月16日發行），990-96頁，にそれぞれ掲載されている。

17 前者は日刊海外商報，第204號（大正14年7月26日發行），15-9頁，後者の『其一』は日刊海外商報，第204號（大正14年7月26日發行），19-37頁，『其二』は日刊海外商報，第210號（大正14年8月2日發行），13-34頁，にそれぞれ掲載された。

18 『外務省通商局日報』は，1935年1月より1943年10月まで日曜を除く日刊紙として発行され，1935年上半期（1－6月）のページ数は合計で980ページと高嶋雅明は報告している。高嶋雅明，「領事報告制度と『領事館報告』について」『經濟理論』（和歌山大学経済学会）168号（1979年3月），84頁。

19 前者の報告は海外經濟事情，第5年第八號（昭和7年2月29日發行），1－4頁，後者は海外經濟事情，昭和14年第2號（昭和14年1月25日發行），1－8頁に掲載されている。

20 海外經濟事情，第4年第10號（昭和6年3月9日發行），12-18頁に掲載。同報告書は通商局がシャム公使館の報告を基に作成したものである。

21 4回の報告は1回目は海外經濟事情，第5年第39號（昭和7年10月3日發行），14-23ページ，2回目は海外經濟事情，第5年第40號（昭和7年10月10日發行），25-35頁，3回目は海外經濟事情，第5年第41號（昭和7年10月17日發行），32-43頁，4回目は海外經濟事情，第5年第42號（昭和7年10月24日發行），21-31頁にそれぞれ掲載された。

22 各報告は1933年は3，4，5，12月の4回，1934年は1月から5月までと7．8月の7回計11回報告された。同報告の各掲載状況については，南原真，「第4章　戦前タイの物価・生計費」，末廣昭・南原真・柿崎一

郎，『戦前期タイの賃金・物価統計』一橋大学経済研究所，アジア長期経済統計データベース。プロジェクト・タイ班，Discussion Paper No.D99-9.2000年1月，131-2頁を参照。

23 「盤谷外国貿易年報『大正五年度』」，通商公報，第505號（大正7年4月1日發行）4頁。

同記事の大正5年度の暹羅の日本からの輸入額は583万8324バーツ，日本への輸出額は27万3064バーツであった。同年度の日本側の統計は，暹羅への輸出額211万円（約316万バーツ），暹羅からの輸入額294万9000円（約420万バーツ）であり，暹羅から日本への輸出額の誤差は420万バーツ-27万3064バーツ＝392万6936バーツ，日本の暹羅からの輸入額の誤差は，583万8324バーツ－316万バーツ＝267万8324バーツと計算されている。

24 「シャム市場に於ける日本商品の地位（其一）」海外経濟事情，第5年第三九號（昭和7年10月3日發行），19頁。

25 同上の1930-31年度主要諸国商品輸入債額比較より，数字は転記した。19-20頁。

26 満織東亜経済調査局編，南洋業書 第4巻「シャム」，慶膳書房，昭和18年，471頁。

27 フィリピンは，早瀬晋三編 （2003）を参照。

28 なお，昭和時代の『海外経濟事情』に関しては，シンガポールは，南原真（2015），仏領インドシナは，南原真(2016)，ビルマは南原真 （2018）を参照。香港は，濱下武志・李培徳監修・解説（2014）がある。

参考文献

外務省通商局，『通商彙纂』，復刻版，不二出版（1989-）

外務省通商局，『通商公報』，復刻版，不二出版（1997-）

外務省通商局，『日刊海外商報』，復刻版，不二出版（2005-2006）

高嶋雅明（1979）「領事報告制度と『領事館報告』について」『経済理論』（和歌山大学経済学会）168号（1979年3月）62-85頁。

角山栄，「『領事報告』について」『経済理論』（和歌山大学経済学会）167号（1979年1月）1－19頁。

角山栄編著（1986）『日本領事報告の研究』同文館。

角山栄・高嶋雅明監修　（1983）『領事報告資料目録』，雄松堂フイルム出版。

南原真編　（2001a）「『領事館報告』掲載タイ（暹羅）関係記事目録　明治30年から昭和18年迄」，Working Paper No.102 法政大学比較経済研究所。

南原真（2001b）「日本領事報告掲載のタイ（暹羅）関係記事の概要と特徴」『東京経大学』第225号，237-253頁。

南原真（2005）「戦前の三井物産のタイにおける事業展開について―1924～1939を中心にして―」『東京経大学』第247号，87-115頁。

南原真（2015）「日本領事報告掲載のシンガポール関係記事の概要と特徴―海峡植民地と英領マラヤ：1928-1940年―」『東京経大学』第287号，3-22頁。

南原真（2016）「日本領事報告掲載の仏領インドシナ関係記事の概要と特徴―1928年から1943年―」『東南アジアのグローバル化おリージョナル化 IV』アジア研究所・アジア研究シリーズ　No.89，亜細亜大学アジア研究所，147-188頁。

南原真（2018）「日本領事報告掲載のビルマ関係記事の概要と特徴―1928年から1943年―」『経済共同体創設後のASEANの課題』アジア研究所・アジア研究シリーズ　No.95，亜細亜大学アジア研究所，161-204頁。

濱下武志・李培徳監修・解説（2014）『香港関係日本外交文書及び領事報告資料』香港都市案内集成　第12巻，ゆまに書房。

早瀬晋三編　（2003）『「領事報告」掲載フィリピン関係記事目録　1881-1943年』，龍渓書舎。

1. 『通商彙編』　1881-86年
　　　　　号数　発行日　　　　　　　　ページ　　報告者　　　　　　　　　　　　　　　　　分類
　　　　　　　　報告題目
1885年
明治18年下半期　　　　　　　　　　　32頁　　明治18年7月29日香港領事館報告　　　綿花
　　　　　　　暹羅安南綿花収穫景況

2. 『通商報告』　1886-89年

『通商報告』　〔1889年　（明治22年）〕

　　　　105号　明治22年4月27日　　　20-21頁　　明治22年3月20日在新嘉坡帝國領事館報告　　雑録
　　　　　　　暹羅及緬甸産チーク木輸入ノ計畫

　　　　124号　明治22年9月30日　　　5-6頁　　明治22年8月2日付里昂帝國領事館報告　　　織物
　　　　　　　暹羅國ニ於ケル綿布需要ノ景況

3. 『官報　通商報告欄再録』　（復刻版頁）　1890-93年

　　　　2325　明治24年4月4日　　　170頁　　明治24年本月9日香港領事館報告
　　　　　　　暹羅國蘇栗木景況

　　　　2402　明治24年7月3日　　　287-89頁　明治24年6月10日香港領事館報告
　　　　　　　暹羅貿易景況（二十三年中）

　　　　2403　明治24年7月4日　　　289-91頁　明治24年6月10日香港領事館報告
　　　　　　　暹羅貿易景況（二十三年中）

　　　　2554　明治25年1月8日　　　4頁　　　明治24年12月7日香港領事館報告
　　　　　　　暹羅米作景況

　　　　2770　明治25年9月19日　　　261-62頁　明治25年8月5日香港領事館報告
　　　　　　　暹羅貿易景況（二十四年中）

　　　　3033　明治26年8月8日　　　342頁　　明治26年8月6日香港領事館電報
　　　　　　　暹羅國封鎖撤去

　　　　3082　明治26年10月5日　　　424頁　　明治26年9月1日付新嘉坡帝國領事館報告
　　　　　　　二十五年中暹羅貿易景況

4. 『通商彙纂』

　　　　8　明治27年9月20日　　　商18-20頁　明治27年6月26日付新嘉坡領事館報告　　商業
　　　　　　　二十六年度暹羅國海外輸出入

　　　　28　明治28年11月1日　　　商15-20頁　明治28年8月31日付新嘉坡領事館報告　　商業
　　　　　　　二十七年中暹羅國貿易一斑

　　　　號外　明治29年11月2日　　　1-6頁　　明治29年8月6日付新嘉坡領事館報告　　商業
　　　　　　　二十八年中暹羅國ノ外國貿易年報

　　　　54　明治29年12月1日　　　商8-11頁　明治29年10月14日付新嘉坡領事館報告　　商業
　　　　　　　盤谷米ノ影響

　　　　56　明治30年1月4日　　　農7-8頁　明治29年12月5日付新嘉坡領事館報告　　農業
　　　　　　　「ラングーン」及暹羅米ノ景況

通商彙纂

号数 発行日	ページ	報告者	分類
報告題目			

1897年（明治30年)
（自第57號至第86號）

85 明治30年12月15日	25-43頁	30年11月6日付在暹羅國公使館報告	商業
暹羅國貿易概要			

1898年（明治31年)
（自第87號至第120號）

90 明治31年2月28日	73-78頁	30年12月27日附付盤谷領事館報告	商業
暹羅米況			
99 明治31年5月28日	1-3頁	31年4月18日附付盤谷領事館報告	商業
暹羅米商況			
99 明治31年5月28日	92頁	31年4月12日附付盤谷領事館報告	雑
盤谷商業會議所設立			
102 明治31年6月28日	91頁	31年5月17日附付盤谷領事館報告	關税
暹羅國通過税一部廢止ノ件			
104 明治31年7月18日	43-45頁	31年5月28日附付盤谷領事館報告	農業
暹羅國紫鄉（漆）ニ關スル調査			
109 明治31年9月8日	78-97頁	31年7月26日附付盤谷領事館報告	附録
明治三十年度盤谷港貿易年報			
115 明治31年11月8日	29頁	31年10月3日附付盤谷領事館報告	農業
暹羅米作ノ景況			

1899年（明治32年)
（自第121號至第155號）

121 明治32年1月18日	6-8頁	31年11月21日盤谷領事館報告	商業
暹羅國北部チェンマイ地方三十年度貿易一斑			
122 明治32年1月28日	52-53頁	31年12月19日付盤谷領事館報告	商業
西貢米況			
123 明治32年2月8日	30頁	31年12月24日付在盤谷領事館報告	商業
ラングーン港米況			
124 明治32年2月18日	76頁	32年1月7日付在盤谷領事館報告	雑
盤谷三十一年十二月在留本邦人々員表			
125 明治32年2月28日	10-11頁	32年1月12日付在盤谷領事館報告	商業
西貢米況			
125 明治32年2月28日	11-13頁	32年1月23日付在盤谷領事館報告	商業
暹羅ラングーン市況			
125 明治32年2月28日	71-72頁	32年1月21日付在盤谷領事館報告	交通
盤谷三十一年中「チーキ」材到達状況			
127 明治32年3月18日	6-7頁	32年1月31日付在盤谷領事館報告	商業
暹羅ラングーン市況			
127 明治32年3月18日	7-12頁	32年1月18日付在盤谷領事館報告	商業
暹羅國酒類ノ輸入並ニ需用			
128 明治32年3月28日	12-14頁	32年2月7日付在盤谷領事館報告	商業
盤谷ニ於ケル佛國輸入貿易ノ擴張			
128 明治32年3月28日	47頁	32年2月18日付在盤谷領事館報告	商業
柴棍米況			

129	明治32年4月8日 ラングーン米況	15頁	32年2月21日付在盤谷領事館報告	商業
129	明治32年4月8日 ラングーン米況	15-16頁	32年2月28日付在盤谷領事館報告	商業
129	明治32年4月8日 印度支那ニ於ケル絹業	23頁	32年3月1日付在盤谷領事館報告	工業
130	明治32年4月18日 柴棍米況	10-11頁	32年3月15日付在盤谷帝國領事館報告	商業
131	明治32年4月28日 ラングーン米況	24-25頁	32年3月15日付在盤谷帝國領事館報告	商業
131	明治32年4月28日 ラングーン米況	25-26頁	32年3月20日付在盤谷帝國領事館報告	商業
132	明治32年5月8日 ラングーン米況	3-4頁	32年3月25日付在盤谷帝國領事館報告	商業
132	明治32年5月8日 暹羅米況	4-5頁	32年3月27日付盤谷帝國領事館報告	商業
132	明治32年5月8日 佛領東京紡績業ノ勃興	34頁	32年3月18日付盤谷帝國領事館報告	工業
132	明治32年5月8日 佛領「印度支那」ニ於ケル米種改良	37頁	32年3月27日付盤谷帝國領事館報告	農業
134	明治32年5月28日 ラングーン米況　（三月十七日付）	6-7頁	32年4月14日付盤谷帝國領事館報告	商業
134	明治32年5月28日 ラングーン米況　（三月二十九日附）	7頁	32年4月19日付在盤谷帝國領事館報告	商業
134	明治32年5月28日 日暹間航路開始ノ注意	52-54頁	32年4月24日付在盤谷帝國領事館報告	交通
135	明治32年6月8日 柴棍米況	12-13頁	32年4月13日付在盤谷帝國領事館報告	商業
135	明治32年6月8日 ラングーン米況	13頁	32年4月27日付在盤谷帝國領事館報告	商業
137	明治32年6月28日 柴棍米況	51-52頁	32年5月5日付在盤谷帝國領事館報告	商業
137	明治32年6月28日 ラングーン米況　（四月十四日付）	52-53頁	32年5月11日付在盤谷帝國領事館報告	商業
137	明治32年6月28日 麻袋課税	63頁	32年5月6日付在盤谷帝國領事館報告	關税
140	明治32年7月28日 柴棍米況	10頁	32年6月5日付在盤谷帝國領事館報告	商業
141	明治32年8月8日 盤谷三十一年中貿易年報	50-65頁	32年7月5日付在盤谷帝國領事館報告	商業
142	明治32年8月18日 柴棍米況	7-8頁	32年7月6日付在盤谷帝國領事館報告	商業
143	明治32年8月28日 ラングーン米況	11-12頁	32年7月20日付在盤谷帝國領事館報告	商業
143	明治32年8月28日 ラングーン米況	12-13頁	32年7月22日付在盤谷帝國領事館報告	商業
144	明治32年9月8日 柴棍米況	40-41頁	32年7月27日付在盤谷帝國領事館報告	商業
144	明治32年9月8日 暹羅國米作ノ豫想	42-43頁	32年7月31日附盤谷帝國領事館報告	農業

145	明治32年9月18日 瓜哇ニ於ケル「チーキ」木材	9頁	32年7月20日附在盤谷帝國領事館報告	商業
145	明治32年9月18日 ラングーン米況	30-31頁	32年7月31日付在盤谷帝國領事館報告	商業
145	明治32年9月18日 ラングーン米況	31頁	32年8月9日付在盤谷帝國領事館報告	商業
146	明治32年9月28日 ラングーン米況	18頁	32年8月17日付在盤谷帝國領事館報告	商業
147	明治32年10月8日 ラングーン米況	22頁	32年8月30日付在盤谷帝國領事館報告	商業
147	明治32年10月8日 ラングーン米況	22-23頁	32年9月2日付在盤谷帝國領事館報告	商業
148	明治32年10月18日 柴棍米況	15-16頁	32年9月6日付在盤谷帝國領事館報告	商業
150	明治32年11月8日 ラングーン米況	34-35頁	32年9月27日付在盤谷帝國領事館報告	商業
150	明治32年11月8日 ラングーン米況	35-36頁	32年10月4日付在盤谷帝國領事館報告	商業
151	明治32年11月18日 ラングーン米況	21頁	32年9月16日付在盤谷帝國領事館報告	商業
152	明治32年11月28日 柴棍米況	10-11頁	32年10月16日付在盤谷帝國領事館報告	商業
152	明治32年11月28日 暹羅國鐵道業	63-65頁	32年10月14日付在盤谷帝國領事館報告	交通
154	明治32年12月18日 柴棍米況	13-14頁	32年11月6日付在盤谷帝國領事館報告	商業

1900年（明治33年)
（自第156號至第181號）

158	明治33年2月8日 柴棍米況	13-14頁	32年12月5日付在盤谷帝國領事館報告	商業
171	明治33年7月25日 暹羅檢疫施行勅令	72-73頁	33年5月18日附在暹帝國公使館報告	雑
172	明治33年8月10日 盤谷三十二年中貿易額	16頁	33年6月26日付在盤谷帝國領事館報告	商業
172	明治33年8月10日 暹羅國再輸出麻袋税金割戻	75頁	33年6月23日付在盤谷帝國領事館報告	關税
173	明治33年8月25日 暹羅國居住英國人登録ニ關スル條約	76-77頁	33年6月29日附在暹帝國公使館報告	雑
178	明治33年11月10日 佛領印度支那在留本邦人員表	82頁	33年9月7日, 10月11日付在盤谷帝國領事館報告	雑
178	明治33年11月10日 明治三十二年海外在留本邦人員表	82-85頁	外務省通商局	雑

1901年（明治34年)
（自第182號至第205號）

183	明治34年1月25日 暹羅シンゴラ、ケタ及英領彼南間新設電線ノ開通	63頁	33年11月30日附在暹帝國公使館報告	交通
187	明治34年3月25日 盤谷三十三年十二月末在留本邦人	79-80頁	34年1月9日附在盤谷帝國領事館報告	雑
號外	明治34年3月31日 盤谷三十二年貿易年報	43-63頁	33年12月13日附在盤谷帝國領事館報告	商業

188 明治34年4月10日　　89頁　　34年2月26日附在暹羅帝國公使館報告　　　　　　雑
佛領印度支那在留本邦人

190 明治34年5月10日　　75-76頁　34年3月7日附在暹帝國公使館報告　　　　　　貨幣及金融
暹國政府紙幣發行ノ計畫

191 明治34年5月25日　　90頁　　34年4月9日附在盤谷帝國領事館報告　　　　　雑
盤谷三月末在留本邦人戸口數

193 明治34年6月25日　　37頁　　34年5月15日附在盤谷帝國領事館報告　　　　商業
盤谷三十三年中貿易概況

195 明治34年7月25日　　73頁　　34年5月22日附在盤谷帝國領事館報告　　　　農業
英領緬甸輸出米狀況

195 明治34年7月25日　　97頁　　34年5月22日附在暹帝國公使館報告　　　　　交通
盤谷、新嘉坡間新定期航路ノ開始

195 明治34年7月25日　　98頁　　34年6月12日附在盤谷帝國領事館報告　　　　交通
盤谷港出入船舶近況

195 明治34年7月25日　　98-100頁　34年6月20日附在盤谷帝國領事館報告　　　交通
暹羅國鐵道現況

196 明治34年8月10日　　105頁　　34年7月3日附在盤谷帝國領事館報告　　　　雑
暹羅盤谷六月末在留本邦人數

202 明治34年11月10日　　90-91頁　34年9月18日附在暹帝國公使館報告　　　　雑
暹國檢疫規則改正

202 明治34年11月10日　　91-92頁　34年6月22日附在暹帝國公使館報告　　　　雑
暹國在留蘭國臣民登録ニ關スル暹蘭約定

203 明治34年11月25日　　98-99頁　34年10月10日附在盤谷帝國領事館報告　　　雑
盤谷九月末在留本邦人戸口數

204 明治34年12月10日　　17-19頁　34年10月16日附在盤谷帝國領事館報告　　　商業
佛領印度支那三十三年度貿易概況

1902年（明治35年)
（自第206號至第246號)

208 明治35年2月10日　　27-53頁　34年12月18日附在盤谷帝國領事館報告　　　商業
盤谷三十三年貿易年報

212 明治35年4月10日　　5-6頁　　35年1月31日附在盤谷帝國領事館報告　　　　商業
暹國産木材

214 明治35年5月10日　　49-51頁　35年3月10日附在盤谷帝國領事館報告　　　　商業
盤谷三十四年中貿易概況

220 明治35年7月17日　　53頁　　35年6月13日附在盤谷帝國領事館報告　　　　交通
暹羅フォークランド群島間電信料ノ新定

221 明治35年7月24日　　61-62頁　35年6月19日附在暹帝國公使館報告　　　　　雑
暹國檢疫規則ノ改正

225 明治35年8月21日　　1-5頁　　35年7月9日附在盤谷帝國領事館報告　　　　商業
暹國「チーク」事業情況

225 明治35年8月21日　　51-53頁　35年6月28日附在盤谷帝國領事館報告　　　　雑
暹國花火業情況

225 明治35年8月21日　　56-57頁　35年7月3日附在盤谷帝國領事館報告　　　　雑
盤谷在留本邦人

233 明治35年10月9日　　40-42頁　35年9月13日附在盤谷帝國領事館報告　　　　交通
暹羅盤谷ニ於ケル人力車營業規則ノ制定發布

234 明治35年10月16日　　25-27頁　35年9月1日附在暹帝國公使館報告　　　　貨幣及金融
暹羅國紙幣條例ノ發布

238 明治35年11月6日　　35頁　　35年9月23日附在暹帝國公使館報告　　　　貨幣及金融
暹國紙幣發布式ノ擧行並新發行紙幣ノ種類

239 明治35年11月13日　　8-11頁 暹、緬國境貿易情況		35年10月7日附在盤谷帝國領事館報告		商業
243 明治35年12月4日　　卷首 暹國銀貨自由鑄造ノ禁止		35年11月27日附在暹帝國公使館電報		電報
245 明治35年12月18日　　8-9頁 西貢米商況		35年11月6日附在盤谷帝國領事館報告		商業
245 明治35年12月18日　　57-60頁 盤谷ノ氣候並疫病		35年11月8日附在盤谷帝國領事館報告		雜

1903年（明治36年)
（自第247號至第57號）

248 明治36年1月15日　　62頁 盤谷，彼南間新直通航路ノ開始		35年11月27日附在盤谷帝國領事館報告		交通
248 明治36年1月15日　　62-63頁 暹國改正檢疫規則		35年9月27日附在暹帝國公使館報告		雜
250 明治36年1月29日　　8頁 西貢米況		35年12月4日附在盤谷帝國領事館報告		商業
251 明治36年2月5日　　29-30頁 下緬甸新穀収穫ノ豫想		35年12月6日附在盤谷帝國領事館報告		農業
254 明治36年2月26日　　46-47頁 暹國金貨本位制採用準備近況		35年12月3日附在暹帝國公使館報告		貨幣及金融
255 明治36年3月5日　　45頁 暹國金貨本位制採用準備近況續報		35年12月12日，23日附在暹帝國公使館報告		貨幣及金融
258 明治36年3月26日　　52頁 暹國ニ於ケル本邦人漁業ノ許可		36年1月28日附在暹羅帝國公使館報告		水産
6 明治36年4月28日　　39頁 暹羅國銖貨ノ騰貴		36年3月5日附在暹羅國帝國公使館報告		貨幣及金融
8 明治36年5月8日　　1-7頁 暹羅國産物ト外國貿易		36年4月6日附在盤谷帝國領事館報告		商業
11 明治36年5月18日　　40-41頁 暹羅國檢疫規則ノ制定實施		36年4月11日附在暹羅帝國公使館報告		雜
18 明治36年6月23日　　14-15頁 蘭貢米商況		36年5月19日附在盤谷帝國領事館報告		商業
24 明治36年7月18日　　1-2頁 暹國ニ於ケル本邦製稻扱器販路ノ見込		36年5月21，3日附在盤谷帝國領事館報告		商業
24 明治36年7月18日　　2-3頁 柴棍米況		36年6月16日附在盤谷帝國領事館報告		商業
26 明治36年7月28日　　20-21頁 蘭貢米況		36年6月20日附在盤谷帝國領事館報告		商業
27 明治36年8月3日　　45頁 暹國政府鐵道用材入札購入ノ決定		36年6月30日附在盤谷帝國領事館報告		雜
32 明治36年8月28日　　5-6頁 蘭貢米況		36年7月18日附在盤谷帝國領事館報告		商業
32 明治36年8月28日　　6頁 柴棍米況		36年7月18日附在盤谷帝國領事館報告		商業
34 明治36年9月8日　　40-41頁 暹羅國貨幣換算率ノ引上		36年7月23日8月6日附在盤谷帝國領事館報告		貨幣及金融

34	明治36年9月8日	41-42頁	36年8月5日附在盤谷帝國領事館報告	交通
	盤谷及南清各港間ニ於ケル獨國汽船新航路ノ開始			
42	明治36年10月13日	20-21頁	36年9月10日附在盤谷帝國領事館報告	商業
	暹羅米商況			
42	明治36年10月13日	21-22頁	36年9月10日附在盤谷帝國領事館報告	商業
	柴棍及蘭貢米況			
43	明治36年10月18日	27-29頁	36年9月3日附在暹羅帝國公使館報告	雑
	暹國政府檢疫規則ノ改正			

1904年（明治37年）
（自第壹號至第73號）

15	明治37年3月13日	16頁	37年2月9日附在暹帝國公使館報告	商業
	暹國ニ於ケル阿片專賣概況			
19	明治37年3月28日	4頁	37年2月13日附在盤谷帝國領事館報告	商業
	柴棍米況			
22	明治37年4月13日	10-11頁	37年3月9日附在盤谷帝國領事館報告	商業
	柴棍米況			
22	明治37年4月13日	33頁	37年2月16日附在盤谷帝國領事館報告	貨幣及金融
	暹羅國鉄貨ノ騰貴			
24	明治37年4月23日	23頁	37年3月23日附在盤谷帝國領事館報告	商業
	柴棍米況			
38	明治37年6月28日	9-10頁	37年5月25日附在盤谷帝國領事館報告	商業
	柴棍米況			
38	明治37年6月28日	42-43頁	37年5月25日附在盤谷帝國領事館報告	雑
	暹國政府檢疫規則ノ發布			
41	明治37年7月13日	1頁	37年6月8日附在盤谷帝國領事館報告	臨時
	盤谷ニ於ケル時局ノ影響			
42	明治37年7月18日	43-46頁	37年6月6日附在盤谷帝國領事館報告	雑
	暹國外國郵便税率及電信料金ノ改正			
43	明治37年7月23日	3頁	37年6月18日附在盤谷帝國領事館報告	商業
	蘭貢米況			
44	明治37年7月28日	9-10頁	37年6月27日附在盤谷帝國領事館報告	商業
	蘭貢米況			
44	明治37年7月28日	10-13頁	37年6月28日附在盤谷帝國領事館報告	鑛業
	暹國鑛業ノ現況			
46	明治37年8月8日	18頁	37年7月7日附在盤谷帝國領事館報告	商業
	柴棍米況			
48	明治37年8月18日	19頁	37年7月16日附在盤谷帝國領事館報告	商業
	柴棍米況			
57	明治37年10月24日	9-10頁	37年7月7日附在盤谷帝國領事館報告	商業
	暹國ニ於ケル星糸需用状況			
59	明治37年11月1日	21-22頁	37年9月5日附在盤谷帝國領事館報告	雑
	暹國檢疫規則ノ改正			
62	明治37年11月14日	6-7頁	37年9月8日附在盤谷帝國領事館報告	商業
	盤谷ニ於ケル縮子織販路状況			
63	明治37年11月19日	8頁	37年10月5日附在盤谷帝國領事館報告	商業
	柴棍米況			
68	明治37年12月8日	26-27頁	37年10月29日附在盤谷帝國領事館報告	農業
	蘭貢米況			

1905年（明治38年)
（自第壹號至第74號)

號	日付	頁	報告	分類
1 明治38年1月8日 柴棍米況		14-15頁	37年11月8日附在盤谷帝國領事館報告	商業
1 明治38年1月8日 蘭貢米況		15-16頁	37年11月9日附在盤谷帝國領事館報告	商業
5 明治38年1月28日 暹國及附近地方米作狀況		41-42頁	37年12月14日附在盤谷帝國領事館報告	農業
7 明治38年2月8日 柴棍米況		8頁	37年12月10日附在盤谷帝國領事館報告	商業
8 明治38年2月13日 暹國檢疫規則ノ修正		41頁	37年12月23日附在盤谷帝國領事館報告	雜報
11 明治38年2月28日 蘭貢米況		4-5頁	38年1月9日附在盤谷帝國領事館報告	商業
11 明治38年2月28日 柴棍米況		5頁	38年1月9日附在盤谷帝國領事館報告	商業
11 明治38年2月28日 盤谷タチン鐵道ノ開通		43頁	38年1月11日附在盤谷帝國領事館報告	交通
14 明治38年3月13日 盤谷三十五年貿易年報		8-17頁	37年12月28日附在盤谷帝國領事館報告	商業
18 明治38年4月3日 柴棍米況		3-4頁	38年2月10日附在盤谷帝國領事館報告	商業
22 明治38年4月23日 暹國檢疫規則ノ發布		43-44頁	38年1月31日附在盤谷帝國領事館報告	雜報
22 明治38年4月23日 暹國檢疫規則ノ修正		44頁	38年2月10日附在盤谷帝國領事館報告	雜報
23 明治38年4月28日 盤谷三十六年貿易年報		1-14頁	37年12月28日附在盤谷帝國領事館報告	商業
26 明治38年5月13日 暹國沿海漁業情況		14-16頁	38年3月10日附在盤谷帝國領事館報告	水産
26 明治38年5月13日 海外在留本邦人職業別表　暹羅盤谷其附近		28頁	37年7月2日附在盤谷帝國領事館報告	雜報
28 明治38年5月23日 暹國ニ於ケル商品，商標及其他事項ニ關スル調査		50-52頁	38年2月16日附在盤谷帝國領事館報告	雜報
40 明治38年7月18日 柴棍米況		2-3頁	38年6月7日附在盤谷帝國領事館報告	商業
40 明治38年7月18日 暹羅國檢疫規則ノ修正		33-34頁	38年5月23日附在盤谷帝國領事館報告	雜報
45 明治38年8月8日 暹國ニ於ケル蠶業局現況		16-21頁	38年5月26日附在暹國帝國公使館報告	農業
47 明治38年8月18日 海外各地ニ於ケル本邦輸出貨物包裝ニ關スル調査　盤谷		30-32頁	38年2月15日附在盤谷帝國領事館報告	雜報
52 明治38年9月13日 柴棍米況		3-4頁	38年7月15日附在盤谷帝國領事館報告	商業
60 明治38年10月18日 柴棍米況　（自七月一日至同二十八日）		10-11頁	38年8月25日附在盤谷帝國領事館報告	商業
60 明治38年10月18日 暹國「メクロング」鐵道敷設		22頁	38年8月21日附在盤谷帝國領事館報告	交通
61 明治38年10月23日 柴棍米況		1頁	38年9月4日附在盤谷帝國領事館報告	商業

66 明治38年11月18日　　20-21頁　　38年7月20日附在盤谷帝國領事館報告　　　　　　　雑報
海外在留本邦人職業別表　暹羅盤谷及其附近

70 明治38年12月3日　　　1-2頁　　　38年10月19日附在盤谷帝國領事館報告　　　　　　　商業
柴棍米況

1906年 （明治39年)
（自第壹號至第76號)

1 明治39年1月8日　　　36-37頁　　38年6月7日附在盤谷帝國領事館報告　　　　　　　　雑報
海外各地ニ於ケル風俗、習慣、人情及嗜好　暹羅國

3 明治39年1月18日　　　2-3頁　　　38年10月31日附在盤谷帝國領事館報告　　　　　　　商業
柴棍米況

9 明治39年2月13日　　　5-6頁　　　38年11月28日附在盤谷帝國領事館報告　　　　　　　商業
柴棍米況

14 明治39年3月8日　　　1-2頁　　　38年12月28日附在盤谷帝國領事館報告　　　　　　　商業
柴棍米況

15 明治39年3月13日　　　5-6頁　　　38年12月26日附在盤谷帝國領事館報告　　　　　　　商業
盤谷ニ於ケル燐寸業状況

17 明治39年3月23日　　　1-2頁　　　39年1月22日附在盤谷帝國領事館報告　　　　　　　商業
柴棍米況

19 明治39年3月28日　　　1-2頁　　　39年2月19日附在盤谷帝國領事館報告　　　　　　　商業
柴棍米況

20 明治39年4月3日　　　45-47頁　　39年2月5日附在盤谷帝國領事館報告　　　　　　　　雑報
暹羅國地租改正

22 明治39年4月13日　　　46-52頁　　39年3月6日附在盤谷帝國領事館報告　　　　　　　　雑報
暹國ニ於ケル戸口概報

25 明治39年4月28日　　　7-8頁　　　39年3月20日附在盤谷帝國領事館報告　　　　　　　商業
柴棍米況

25 明治39年4月28日　　　45-47頁　　39年2月19日附在盤谷帝國領事館報告　　　　　　　交通
暹羅國鐵道現況

31 明治39年5月25日　　　80-94頁　　39年2月7日附在盤谷帝國領事館報告　　　　　　臨時増刊（商業)
盤谷三十七年貿易年報

34 明治39年6月8日　　　20頁　　　39年4月19日附在盤谷帝國領事館報告　　　　　　　　商業
柴棍米況

41 明治39年7月13日　　　4-5頁　　　39年5月14日附在盤谷帝國領事館報告　　　　　　　商業
柴棍米況

42 明治39年7月18日　　　20-22頁　　39年6月11日附在盤谷帝國領事館報告　　　　　　　商業
暹羅産「スチックラック」概況

42 明治39年7月18日　　　32-33頁　　39年6月18日附在盤谷帝國領事館報告　　　　　　　交通
日本郵船會社香港盤谷間航路開始ノ状況

43 明治39年7月23日　　　37頁　　　39年1月8日附在盤谷帝國領事館報告　　　　　　　　雑報
海外在留本邦人職業別表　盤谷及其附近

45 明治39年7月28日　　　2-3頁　　　39年6月20日附在盤谷帝國領事館報告　　　　　　　商業
柴棍米況　（自五月五日至六月一日)

46 明治39年8月3日　　　47頁　　　　　　　　　　　　　　　　　　　　　　　　　　　雑録
本邦滊船ノ汕頭盤谷間ノ航路

49 明治39年8月18日　　　4-5頁　　　39年7月10日附在盤谷帝國領事館報告　　　　　　　商業
柴棍米況

51 明治39年8月28日　　　45頁　　　39年7月30日附在盤谷帝國領事館報告　　　　　　　　雑報
印度南清間ニ佛國滊船ノ新航路開始

54 明治39年9月13日　　　19頁　　　39年8月6日附在盤谷帝國領事館報告　　　　　　　　商業
柴棍米況　（自六月三十日至七月二十七日)

55	明治39年9月18日	44頁	39年8月14日附在盤谷帝國領事館報告		交通

佛國汽船ノ盤谷印度支那及清國諸港間新航路開始

| 56 | 明治39年9月23日 | 32頁 | 39年8月11日附在盤谷帝國領事館報告 | | 農業 |

暹國本年米作現況

| 60 | 明治39年10月8日 | 26-30頁 | 39年8月20日附在盤谷帝國領事館報告 | | 商業 |

西貢米ニ關スル調査

| 61 | 明治39年10月13日 | 5-6頁 | 39年9月8日附在盤谷帝國領事館報告 | | 商業 |

柴棍米況

| 67 | 明治39年11月13日 | 5-7頁 | 39年7月4日附在盤谷帝國領事館報告 | | 商業 |

海外各地ニ於ケル植物性諸油狀況　暹羅

| 71 | 明治39年11月28日 | 3-5頁 | 39年9月19日附在盤谷帝國領事館報告 | | 商業 |

暹國ニ於ケル麥酒販賣狀況

| 71 | 明治39年11月28日 | 5-6頁 | 39年10月5日附在盤谷帝國領事館報告 | | 商業 |

柴棍米況

| 72 | 明治39年12月3日 | 37-52頁 | 39年9月23日附在盤谷帝國領事館報告 | | 商業 |

盤谷三十八年貿易年報

| 75 | 明治39年12月18日 | 37頁 | 39年10月25日附在暹帝國公使館報告 | | 貨幣及金融 |

暹國紙幣條例ノ改正

1907年（明治40年)
(自第壹號至第72號)

| 2 | 明治40年1月13日 | 12-13頁 | 39年11月8日附在盤谷帝國領事館報告 | | 商業 |

柴棍米況

| 3 | 明治40年1月18日 | 18頁 | 39年6月22日附在盤谷帝國領事館報告 | | 商業 |

海外各地ニ於ケル日本製燐寸ノ現況及將來　盤谷

| 7 | 明治40年2月3日 | 11-12頁 | 39年7月3日附在盤谷帝國領事館報告 | | 居留地及居留民 |

海外在留邦人職業別表　盤谷帝國領事館管轄區域内

| 8 | 明治40年2月8日 | 30頁 | 39年12月14日附在盤谷帝國領事館報告 | | 農業 |

暹國米作豫想

| 9 | 明治40年2月13日 | 27-28頁 | 39年11月28日附在盤谷帝國領事館報告 | | 商業 |

柴棍米況

| 13 | 明治40年3月3日 | 24-25頁 | 39年12月24日附在盤谷帝國領事館報告 | | 商業 |

柴棍米況

| 17 | 明治40年3月23日 | 17-18頁 | 40年1月22日附在盤谷帝國領事館報告 | | 商業 |

柴棍米況

| 17 | 明治40年3月23日 | 36-37頁 | 40年1月10日附在盤谷帝國領事館報告 | | 財政及經濟 |

暹國銖貨價格ノ騰貴及其盤谷貿易ニ及ボス影響

| 20 | 明治40年4月3日 | 64-66頁 | 40年2月22日附在盤谷帝國領事館報告 | | 雑報 |

暹羅國附庸ゲタ州ニ於ケル外國人ノ借地契約

| 21 | 明治40年4月8日 | 43頁 | 40年2月18日附在盤谷帝國領事館報告 | | 商業 |

柴棍米況

| 23 | 明治40年4月18日 | 68-69頁 | 40年1月7日附在盤谷帝國領事館報告 | | 居留地及居留民 |

海外各地ニ於ケル在留邦人職業別表　盤谷帝國領事館管轄區域内

| 25 | 明治40年4月28日 | 5頁 | 40年3月19日附在盤谷帝國領事館報告 | | 商業 |

柴棍米況

| 31 | 明治40年5月28日 | 29-30頁 | 40年4月11日附在盤谷帝國領事館報告 | | 商業 |

暹國「チーキ」材ニ關スル調査

| 31 | 明治40年5月28日 | 30-31頁 | 40年4月16日附在盤谷帝國領事館報告 | | 商業 |

柴棍米況

| 36 | 明治40年6月23日 | 78-80頁 | 40年5月10日附在盤谷帝國領事館報告 | | 移民及労働 |

暹國出稼支那労働者概況

37 明治40年6月28日　　22-23頁　40年5月13日附在盤谷帝國領事館報告　　　　　　　商業
　柴棍米況

38 明治40年7月3日　　　56頁　　40年5月20日附在盤谷帝國領事館報告　　　　　　　雑報
　西貢ヨリ暹國ヘ來航ノ船舶ニ對スル檢疫施行

42 明治40年7月23日　　21-23頁　40年5月31日附在暹帝國公使館報告　　　　　　　商業
　佛領印度支那ニ於ケル日本賣藥業ニ關スル報告

42 明治40年7月23日　　40-41頁　40年5月31日附在暹帝國公使館報告　　　　　　　水産業
　佛領東京灣眞珠貝採取業ニ關スル報告

44 明治40年8月3日　　　50-51頁　40年6月11日附在盤谷帝國領事館報告　　　　　　商業
　柴棍米況　（自五月四日至三十一日）

52 明治40年9月13日　　18-19頁　40年7月15日附在盤谷帝國領事館報告　　　　　　商業
　柴棍米況

56 明治40年10月3日　　19頁　　40年8月10日附在盤谷帝國領事館報告　　　　　　　商業
　柴棍米況　（自六月二十九日至七月二十六日）

56 明治40年10月3日　　57頁　　40年8月17日附在盤谷帝國領事館報告　　　　　　　檢疫竝衛生
　西貢ヨリ暹國ヘ來航ノ船舶ニ對スル檢疫施行癈止

59 明治40年10月18日　39-40頁　40年7月5日附在盤谷帝國領事館報告　　　　　　　居留地及居留民
　海外各地在留本邦人職業別表　暹羅國

61 明治40年10月28日　30-31頁　40年9月13日附在盤谷帝國領事館報告　　　　　　商業
　柴棍米況

61 明治40年10月28日　51-52頁　40年9月5日附在盤谷帝國領事館報告　　　　　　　交通及通信
　暹國外國郵便税率及電信料金改正

63 明治40年11月8日　　1-11頁　40年9月18日附在盤谷帝國領事館報告　　　　　　商業
　暹國及西貢地方産出米状況

67 明治40年11月28日　15-19頁　40年10月7日附在盤谷帝國領事館報告　　　　　　商業
　西貢ニ於ケル米穀市價其他ニ關スル調査

1908年（明治41年)
（自第壹號至第72號)

2 明治41年1月13日　　24-25頁　40年10月1日附在盤谷帝國領事館報告　　　　　　商業
　柴棍米況　（自八月二十四日至九月二日）

2 明治41年1月13日　　25-26頁　40年10月29日附在盤谷帝國領事館報告　　　　　　商業
　柴棍米況　（四十年九月二十一日至十月十八日）

3 明治41年1月18日　　39-53頁　40年11月12日附在盤谷帝國領事館報告　　　　　　商業
　盤谷三十九年貿易年報

6 明治41年2月3日　　　35頁　　40年11月21日附在盤谷帝國領事館報告　　　　　　商業
　盤谷米價報告

6 明治41年2月3日　　　35-36頁　40年12月5日附在暹帝國公使館報告　　　　　　　商業
　清國商業視察員楊士琦氏ノ來暹

8 明治41年2月13日　　5-6頁　　40年11月26日附在盤谷帝國領事館報告　　　　　　商業
　柴棍米況　（自四十年十月十九日至同年十一月十五日）

13 明治41年3月8日　　21-22頁　41年1月14日附在盤谷帝國領事館報告　　　　　　商業
　柴棍米況　（四十年自十一月十六日至十二月十三日）

15 明治41年3月18日　23-24頁　41年1月23日附在盤谷帝國領事館報告　　　　　　商業
　柴棍米況　（自四十年十二月十四日至四十一年一月十日）

15 明治41年3月18日　52-53頁　41年1月29日附在盤谷帝國領事館報告　　　　　　交通及通信
　盤谷ペトリウ間及パクナムホー、ピツアヌローク間鐵道開通

17 明治41年3月28日　13-15頁　41年2月4日附在盤谷帝國領事館報告　　　　　　　商業
　暹國産籾米及白米一「コイヤン」ニ對スル毎月平均相場
　（自三十五年四月至四十一年一月）

32

20 明治41年4月13日　　7-8頁　　41年2月18日附在盤谷帝國領事館報告　　　　　　　商業
　柴棍米況　（自一月七日至二月七日）

21 明治41年4月18日　　14頁　　41年3月3日附在盤谷帝國領事館報告　　　　　　　　商業
　暹羅國ヘ「モルヒネ」輸入ニ關スル注意

23 明治41年4月28日　　54-55頁　41年2月25日附在盤谷帝國領事館報告　　　　　　交通及通信
　在盤谷清商ノ香港盤谷間新航路開始計畫

24 明治41年5月3日　　　9頁　　41年3月2日附在盤谷帝國領事館報告　　　　　　　　商業
　盤谷市場ニ於ケル本年二月中米穀相場

25 明治41年5月8日　　6-7頁　　41年3月18日附在盤谷帝國領事館報告　　　　　　　　商業
　柴棍米況　（自二月八日至三月六日）

28 明治41年5月23日　　53頁　　41年2月12日附在暹帝國公使館報告　　　　　　　　　鑛業
　暹國ニ於ケル鑛産物需給状況

29 明治41年5月28日　　46-47頁　41年1月4日附在盤谷帝國領事館報告　　　　　居留地及居留民
　海外各地在留本邦人職業別表（四十年十二月末日現在）　暹國盤谷及其附近

30 明治41年6月3日　　20-26頁　41年4月9日附在盤谷帝國領事館報告　　　　　　　　商業
　盤谷港外國貿易概報　（四十年）

31 明治41年6月8日　　　11頁　　41年4月21日附在盤谷帝國領事館報告　　　　　　　　商業
　盤谷米價報告（三月中）

32 明治41年6月13日　　6-7頁　　41年4月16日附在盤谷帝國領事館報告　　　　　　　　商業
　柴棍米況　（自三月七日至四月三日）

37 明治41年7月8日　　　46頁　　41年5月10日附在盤谷帝國領事館報告　　　　　　　　商業
　柴棍米況　（自四月四日至五月一日）

37 明治41年7月8日　　72-73頁　41年5月14日附在盤谷帝國領事館報告　　　　　　　　雑報
　暹國領海内燈臺ノ新設ニ關スル盤谷港々務局告示

38 明治41年7月13日　　17-18頁　41年5月10日附在盤谷帝國領事館報告　　　　　　　　商業
　暹國ニ於ケル金箔ノ需要状況

40 明治41年7月23日　　　32頁　　41年5月2日附在盤谷帝國領事館報告　　　　　　　　商業
　盤谷米價報告（四月中）

43 明治41年8月8日　　38-40頁　41年6月5日附在盤谷帝國領事館報告　　　　　　　　農業
　暹國蠶業局ノ状況第二回報告

45 明治41年8月18日　　　50頁　　41年6月29日附在盤谷帝國領事館報告　　　　　　　　商業
　盤谷ニ於ケル米價ノ平均相場

51 明治41年9月18日　　　33頁　　41年6月20日附在盤谷帝國領事館報告　　　　　　　　商業
　柴棍米況

52 明治41年9月23日　　24-25頁　41年8月10日附在盤谷帝國領事館報告　　　　　　　　商業
　柴棍米況　（自五月三十日至六月二十六日）

52 明治41年9月23日　　25-27頁　41年8月10日附在盤谷帝國領事館報告　　　　　　　　商業
　柴棍米況　（自六月二十七日至七月二十四日）

53 明治41年9月28日　　14-17頁　41年8月8日附在盤谷帝國領事館報告　　　　　　　　商業
　日本對暹羅間最近三カ年間輸出入貿易統計表

53 明治41年9月28日　　66-68頁　41年7月20日附在暹帝國公使館報告　　　　　　　條約及諸法規
　暹國百二十七年破産法ノ制定

60 明治41年11月3日　　41-42頁　41年8月25日附在盤谷帝國領事館報告　　　　　　　　商業
　盤谷米價報告（六、七月中）

61 明治41年11月8日　　15-16頁　41年9月28日附在盤谷帝國領事館報告　　　　　　　　商業
　柴棍米況　（自七月二十五日至八月二十一日）

61 明治41年11月8日　　16-17頁　41年9月28日附在盤谷帝國領事館報告　　　　　　　　商業
　柴棍米況　（自八月二十二日至九月十八日）

61 明治41年11月8日　　34-36頁　41年9月7日附在盤谷帝國領事館報告　　　　　　　　農業
　暹羅國チャンタブーン地方胡椒栽培概況

62 明治41年11月13日　　34-35頁　　41年9月30日附在盤谷帝國領事館報告　　　　　　　　　農業
　　暹國米作豫想

1909年（明治42年)
（自第壹號至第70號）

1 明治42年1月8日　　11-12頁　　41年10月25日附在盤谷帝國領事館報告　　　　　　　　商業
　　柴棍米況　（四十一年自九月十九日至十月十六日）

3 明治42年1月18日　　27頁　　41年11月20日附在盤谷帝國領事館報告　　　　　　　　　　商業
　　盤谷市場米價ノ平均相場（四十一年八、九、十月）

5 明治42年1月28日　　2-17頁　　41年11月17日附在盤谷帝國領事館報告　　　　　　　　　商業
　　盤谷港（自四十年四月至四十一年三月）貿易年報

6 明治42年2月3日　　12-13頁　　41年11月25日附在盤谷帝國領事館報告　　　　　　　　　商業
　　柴棍米況　（四十一年自十月十七日至十一月十三日）

9 明治42年2月18日　　67-68頁　　41年12月10日附在盤谷帝國領事館報告　　　　　　　交通及通信
　　暹國ニ於ケル官私設鐵道ノ經營者住所氏名

10 明治42年2月23日　　19-20頁　　41年12月26日附在盤谷帝國領事館報告　　　　　　　　商業
　　柴棍米況　（四十一年自十一月十四日至十二月十一日）

12 明治42年3月3日　　30-31頁　　41年5月3日附在盤谷帝國領事館報告　　　　　　　　　商業
　　暹國ニ於ケル枕木狀況

13 明治42年3月8日　　28-29頁　　42年2月2日附在盤谷帝國領事館報告　　　　　　　　　商業
　　盤谷米價報告（四十一年十一、十二兩月、四十二年一月中）

13 明治42年3月8日　　54-67頁　　41年12月23日附在盤谷帝國領事田邊熊三郎報告　　　各地事情
　　暹國ニ於ケル日本人

14 明治42年3月13日　　12-14頁　　42年1月20日附在盤谷帝國領事館報告　　　　　　　　商業
　　柴棍米況　（自四十一年十二月十二日至四十二年一月八日）

15 明治42年3月18日　　10頁　　42年2月4日附在盤谷帝國領事館報告　　　　　　　　　　商業
　　盤谷港輸出入貿易（一月中）

19 明治42年4月8日　　16-17頁　　42年2月17日附在盤谷帝國領事館報告　　　　　　　　商業
　　柴棍米況　（自一月八日至二月五日）

20 明治42年4月13日　　12頁　　42年3月4日附在盤谷帝國領事館報告　　　　　　　　　　商業
　　盤谷港輸出入貿易統計（二月中）

23 明治42年4月28日　　5-6頁　　42年3月19日附在盤谷帝國領事館報告　　　　　　　　　商業
　　柴棍米況　（自二月六日至三月五日）

28 明治42年5月20日　　14頁　　42年4月14日附在盤谷帝國領事館報告　　　　　　　　　　商業
　　柴棍米況　（自三月六日至四月二日）

31 明治42年6月5日　　36-37頁　　42年4月24日附在盤谷帝國領事館報告　　　　　　　交通及通信
　　暹國官設鐵道北方線工事ノ一時中止

34 明治42年6月20日　　60-61頁　　42年3月25日附在盤谷帝國領事館報告　　　　　　居留地及居留民
　　海外各地在留本邦人職業別表（四十一年十二月末現在）　暹羅國

37 明治42年7月5日　　12-14頁　　42年5月17日附在盤谷帝國領事館報告　　　　　　　　商業
　　暹國米穀共進會

40 明治42年7月20日　　10-11頁　　42年5月27日附在盤谷帝國領事館報告　　　　　　　商業
　　柴棍米況　（自四月三日至同三十日）

40 明治42年7月20日　　11-12頁　　42年6月9日附在盤谷帝國領事館報告　　　　　　　　商業
　　柴棍米況　（自五月一日至同二十八日）

40 明治42年7月20日　　12頁　　42年6月2日附在盤谷帝國領事館報告　　　　　　　　　　商業
　　盤谷港五月中輸出入貿易統計

40 明治42年7月20日　　12-16頁　　42年6月7日附在暹帝國公使館報告　　　　　　　　　商業
　　暹國ニ於テ行ハルゝ商習慣

40 明治42年7月20日 35-36頁 42年5月13日附在盤谷帝國領事館報告 華暹通商輪船公司ノ設立			交通及通信
43 明治42年8月5日 1-2頁 42年6月18日附在盤谷帝國領事館報告 盤谷輸入商人ノ決議			時事
43 明治42年8月5日 8-9頁 42年7月2日附在盤谷帝國領事館報告 盤谷港輸出入貿易統計（六月中）			商業
49 明治42年9月5日 10-11頁 42年7月9日附在盤谷帝國領事館報告 柴棍米況 （自五月二十九日至六月二十五日）			商業
50 明治42年9月10日 34-35頁 42年7月24日附在盤谷帝國領事館報告 盤谷市水道布設工事官營計畫			檢疫並衛生
52 明治42年9月20日 5頁 42年8月4日附在盤谷帝國領事館報告 盤谷港輸出入貿易統計（七月中）			商業
52 明治42年9月20日 36頁 42年8月9日附在盤谷帝國領事館報告 暹國官設鐵道南方線工事ノ新計畫			交通及通信
53 明治42年9月25日 30-31頁 42年8月19日附在盤谷帝國領事館報告 柴棍米況 （自六月二十六日至七月二十三日）			商業
53 明治42年9月25日 56-57頁 42年8月11日附在盤谷帝國領事館報告 暹國外國郵便税率及電信料金ノ改正			交通及通信
59 明治42年10月25日 24-25頁 42年9月2日附在盤谷帝國領事館報告 柴棍米況 （自七月二十四日至八月二十日）			商業
59 明治42年10月25日 25頁 42年9月2日附在盤谷帝國領事館報告 盤谷港輸出入貿易統計（八月中）			商業
61 明治42年11月5日 57-58頁 42年8月31日附在盤谷帝國領事館報告 緬甸ニ於ケル竹林並ニ竹纖維ノ「パルプ」製造工場ニ關スル調査			工業
64 明治42年11月20日 47-50頁 42年9月25日附在盤谷帝國領事館報告 盤谷ニ於ケル石炭ノ需要供給状況			商業
64 明治42年11月20日 50頁 42年9月20日附在盤谷帝國領事館報告 盤谷ニ於ケル石版石			商業
65 明治42年11月25日 58-59頁 42年9月29日附在盤谷帝國領事館報告 盤谷州ニ於ケル人口調査			雑報
66 明治42年12月1日 36-59頁 42年8月18日附在盤谷帝國領事館報告 盤谷港（自四十一年四月至四十二年三月）貿易年報			商業
67 明治42年12月5日 7-8頁 42年10月4日附在盤谷帝國領事館報告 盤谷港輸出入貿易統計（九月中）			商業
68 明治42年12月10日 14-15頁 42年10月11日附在盤谷帝國領事館報告 柴棍米況 （自八月二十一日至九月十八日）			商業
70 明治42年12月20日 28頁 42年10月18日附在盤谷帝國領事館報告 柴棍米況 （自九月十九日至十月十六日）			商業

1910年（明治43年)
（自第壹號至第70號）

4 明治43年1月20日 21-23頁 42年11月2日附在盤谷帝國領事館報告 暹國ニ於ケル本邦製各種革具製品ノ需要並取引状況			商業
4 明治43年1月20日 23-24頁 42年11月5日附在盤谷帝國領事館報告 盤谷港輸出入貿易統計（四十二年十月中）			商業
7 明治43年2月5日 9頁 42年12月4日附在盤谷帝國領事館報告 盤谷港輸出入貿易統計 （四十二年十一月中）			商業
7 明治43年2月5日 9-10頁 42年12月4日附在盤谷帝國領事館報告 柴棍米況（四十二年自十月十七日至十一月十三日）			商業

11 明治43年2月25日　　4頁　　42年12月28日附在盤谷帝國領事館報告　　　　　　　海外貿易品取扱商紹介
　　盤谷ニ於ケル燐寸輸入商ノ住所氏名

11 明治43年2月25日　　22-23頁　42年12月２４日附在盤谷帝國領事館報告　　　　商業
　　柴棍米況（四十二年自十一月十四日至十二月十一日）

13 明治43年3月5日　　35頁　　43年1月4日附在盤谷帝國領事館報告　　　　　　　商業
　　盤谷港輸出入貿易統計　（四十二年十二月中）

14 明治43年3月10日　　12-13頁　43年1月6日附在盤谷帝國領事館報告　　　　　　商業
　　盤谷ニ於ケル輸入燐寸状況

14 明治43年3月10日　　13-14頁　43年1月6日附在盤谷帝國領事館報告　　　　　　商業
　　盤谷ニ於ケル本邦産「タフエタ」及「シフオン」商況

17 明治43年3月25日　　2-5頁　　42年11月15日附在盤谷帝國領事館報告　　　　　商業
　　暹羅國ニ於ケル輸入陶磁器數量及價額國別表　（最近十ケ年間）

17 明治43年3月25日　　22-23頁　43年1月20日附在盤谷帝國領事館報告　　　　　商業
　　柴棍米況（自四十二年十二月十二日至四十三年一月八日）

20 明治43年4月10日　　10-11頁　43年2月3日附在盤谷帝國領事館報告　　　　　　商業
　　盤谷港輸出入貿易統計　（一月中）

23 明治43年4月25日　　58-59頁　43年2月2日附在盤谷帝國領事館報告　　　　　　博覧會及各種會議
　　盤谷ニ於ケル農産物及商品共進會開催

25 明治43年5月5日　　11-12頁　43年2月17日附在盤谷帝國領事館報告　　　　　　商業
　　柴棍米況（自一月九日至二月五日）

26 明治43年5月10日　　17頁　　43年3月2日附在盤谷帝國領事館報告　　　　　　　商業
　　盤谷港輸出入貿易統計　（二月中）

28 明治43年5月20日　　17頁　　43年3月17日附在盤谷帝國領事館報告　　　　　　商業
　　柴棍米況（自二月五日至三月五日）

31 明治43年6月5日　　19-20頁　43年3月30日附在盤谷帝國領事館報告　　　　　　商業
　　暹國ニ於ケル石盤石調査

32 明治43年6月10日　　12頁　　43年4月5日附在盤谷帝國領事館報告　　　　　　　商業
　　盤谷港輸出入貿易統計　（三月中）

34 明治43年6月20日　　67頁　　43年1月5日附在盤谷帝國領事館報告　　　　　　　居留地及居留民
　　海外各地在留本邦人職業別表（四十二年十二月現在）暹羅國

37 明治43年7月5日　　17-18頁　43年4月12日附在盤谷帝國領事館報告　　　　　　商業
　　柴棍米況（自三月六日至四月二日）

38 明治43年7月10日　　24-25頁　43年5月3日附在盤谷帝國領事館報告　　　　　　商業
　　盤谷港輸出入貿易統計　（四月中）

38 明治43年7月10日　　37-44頁　43年3月24日附在盤谷帝國領事館報告　　　　　　林業
　　暹國産チーキ材ニ關スル調査

41 明治43年7月25日　　29-30頁　43年5月2日附在盤谷帝國領事館報告　　　　　　水産業
　　暹國水産業ノ大要

41 明治43年7月25日　　41-6頁　43年5月10日附在盤谷帝國領事館報告　　　　　　博覧會及各種會議
　　暹國第三回農商業共進會

49 明治43年9月5日　　24頁　　43年6月30日,7月4日附在盤谷帝國領事館報告　　商業
　　盤谷港輸出入貿易統計　（五、六月中）

55 明治43年10月5日　　13-27頁　43年6月30日附在盤谷帝國領事館報告　　　　　商業
　　盤谷ニ於ケル工業原料

58 明治43年10月20日　　15-16頁　43年8月8日附在盤谷帝國領事館報告　　　　　商業
　　柴棍米況（自六月二十六日至七月二十三日）

63 明治43年11月15日　　6-26頁　　外務省通商局　　　　　　　　　　　　　　　時事
　　暹國ニ於ケル交通並産業状態

63 明治43年11月15日　　27頁　　43年9月22日附在盤谷帝國領事館報告　　　　　時事
　　暹國南部鐵道工事ノ概況

63 明治43年11月15日　　27-54頁　　43年8月22日附在盤谷帝國領事館報告　　　　　　　　商業
　盤谷港　自四十二年四月至四十三年三月　貿易年報

64 明治43年11月20日　　40頁　　　43年8月3日附在盤谷帝國領事館報告　　　　　　　　　商業
　盤谷港輸出入貿易統計『七月中』

64 明治43年11月20日　　65-66頁　43年9月3日附在盤谷帝國領事館報告　　　　　　　　　海外貿易品取扱商紹介
　盤谷ニ於ケル本邦諸雑貨及莫大小輸入業者住所氏名

65 明治43年11月25日　　41頁　　　43年9月2日附在盤谷帝國領事館報告　　　　　　　　　商業
　盤谷港輸出入貿易統計『八月中』

68 明治43年12月10日　　6-7頁　　43年8月23日附在盤谷帝國領事館報告　　　　　　　　商業
　海外各地ニ於ケル漁網　　盤谷

70 明治43年12月20日　　29頁　　　43年8月6日附在暹帝國公使館報告　　　　　　　　　　農業
　暹國ニ於ケル綿棉花耕作

70 明治43年12月20日　　1-2頁　　43年9月23日附在盤谷帝國領事館報告　　　　　　　　時事
　「ケランタン」王國ノ施政状況『千九百八年度』

70 明治43年12月20日　　17頁　　　43年10月2日附在盤谷帝國領事館報告　　　　　　　　商業
　盤谷港輸出入貿易統計『九月中』

1911年（明治44年)
（自第壹號至第75號)

 4 明治44年1月20日　　70-71頁　43年11月5日附在盤谷帝國領事館報告　　　　　　　　　商業
　盤谷港輸出入貿易統計『四十三年十月中』

 5 明治44年1月25日　　29-30頁　43年10月11日附在盤谷帝國領事館報告　　　　　　　　時事
　印度支那ノ農業『盤谷デリーメールノ社説飜譯』

 5 明治44年1月25日　　59-66頁　43年10月22日附在盤谷帝國領事館報告　　　　　　　　農業
　暹國農事報告　（四十三年自五月至九月）

 7 明治44年2月5日　　3頁　　　　43年11月5日附在盤谷帝國領事館報告　　　　　　　　　時事
　第四回暹國農商業共進會ノ開設

 7 明治44年2月5日　　27頁　　　　43年12月8日附在盤谷帝國領事館報告　　　　　　　　　商業
　盤谷港輸出入貿易統計『四十三年十一月中』

 7 明治44年2月5日　　58-59頁　　43年11月25日附在盤谷帝國領事館報告　　　　　　　　農業
　暹國農事報告『四十三年十月分』

 7 明治44年2月5日　　67頁　　　　43年11月10日附在盤谷帝國領事館報告　　　　　　　　畜産業
　疫牛斃死數

10 明治44年2月20日　　22頁　　　44年1月8日附在盤谷帝國領事館報告　　　　　　　　　商業
　盤谷港輸出入貿易統計『四十三年十二月中』

11 明治44年2月25日　　59-60頁　43年12月27日附在盤谷帝國領事館報告　　　　　　　　農業
　暹國農事報告『四十三年十二月分』

16 明治44年3月20日　　41-42頁　44年1月27日附在盤谷帝國領事館報告　　　　　　　　農業
　暹國米作狀況『四十三年十二月分』

17 明治44年3月25日　　32-33頁　44年2月3日附在盤谷帝國領事館報告　　　　　　　　　商業
　盤谷港輸出入貿易統計『一月中』

19 明治44年4月5日　　2頁　　　　43年9月29日附在盤谷帝國領事館報告　　　　　　　　商業
　寒天ノ用途附販路擴張ノ見込　　暹國

19 明治44年4月5日　　11-12頁　　43年9月5日附在盤谷帝國領事館報告　　　　　　　　　商業
　日本醤油ニ關スル調査　暹國

19 明治44年4月5日　　19頁　　　　43年11月8日附在盤谷帝國領事館報告　　　　　　　　商業
　「プリズム」双眼鏡ノ需要狀況　暹國

19 明治44年4月5日　　42-45頁　　43年9月29日附在盤谷帝國領事館報告　　　　　　　　商業
　装身具及錠前ニ關スル調査　　『其二』　暹國

22 明治44年4月20日　　44-45頁　44年2月27日附在盤谷帝國領事館報告　　　　　　　　農業
　暹國米作狀況『一月分』

24 明治44年5月1日　　9-10頁　　44年2月13日附在盤谷帝國領事館報告　　　　　　　　商業
暹國ニ於ケル金銀箔類ニ關スル狀況

24 明治44年5月1日　　10頁　　44年3月6日附在盤谷帝國領事館報告　　　　　　　　　商業
盤谷港輸出入貿易統計『二月中』

32 明治44年6月10日　　8頁　　44年3月6日附在盤谷帝國領事館報告　　　　　　　　　商業
盤谷港輸出入貿易統計『三月中』

35 明治44年6月20日　　14-15頁　　44年5月4日附在盤谷帝國領事館報告　　　　　　商業
盤谷港輸出入貿易統計『四月中』

35 明治44年6月20日　　35-37頁　　44年5月3日附在盤谷帝國領事館報告　　　　　　博覽會及各種會議
暹國第四回農商業共進會概況

38 明治44年7月5日　　12-13頁　　44年5月6日附在盤谷帝國領事館報告　　　　　　　商業
ドロン、ウオーク其他各種レース類、刺繡品、造花、押繪、摘ミ細工等ニ
關スル報告　盤谷

39 明治44年7月10日　　9-10頁　　44年6月6日附在盤谷帝國領事館報告　　　　　　　商業
盤谷港輸出入貿易統計『五月中』

40 明治44年7月15日　　7頁　　44年5月8日附在盤谷帝國領事館報告　　　　　　　　　商業
線香ノ需要狀況　盤谷調査

43 明治44年7月25日　　41頁　　44年6月20日附在盤谷帝國領事館報告　　　　　　　　交通及通信
暹國南部鐵道一部開通營業開始

45 明治44年8月5日　　51-52頁　　44年6月26日附在盤谷帝國領事館報告　　　　　　農業
印度支那ノ農業

48 明治44年8月20日　　29-30頁　　44年7月4日附在盤谷帝國領事館報告　　　　　　商業
盤谷港輸出入貿易統計『六月中』

48 明治44年8月20日　　30頁　　44年7月4日附在盤谷帝國領事館報告　　　　　　　　商業
柴棍米況

48 明治44年8月20日　　55-56頁　　44年7月3日附在盤谷帝國領事館報告　　　　　　博覽會及各種會議
棉花栽培ニ關シ盤谷ニ於ケル地方官會議ノ議決

52 明治44年9月5日　　38頁　　44年7月25日附在盤谷帝國領事館報告　　　　　　　　鑛業
暹國ニ於ケル黄鉛鑛『盤谷デリー, メール所載記事抄譯』

54 明治44年9月15日　　12-13頁　　44年8月3日附在盤谷帝國領事館報告　　　　　　商業
盤谷港輸出入貿易統計『七月中』

56 明治44年9月25日　　42頁　　44年8月24日附在盤谷帝國領事館報告　　　　　　　　農業
暹羅國旱魃ノ狀況

59 明治44年10月5日　　14頁　　44年8月28日附在盤谷帝國領事館報告　　　　　　　商業
暹國輸出商況一班「本年度初期」

61 明治44年10月15日　　15-16頁　　44年9月4日附在盤谷帝國領事館報告　　　　　商業
盤谷港輸出入貿易統計『八月中』

61 明治44年10月15日　　16-17頁　　44年9月2日附在盤谷帝國領事館報告　　　　　商業
暹羅ノ輸出牛

63 明治44年10月25日　　15-16頁　　44年9月8日附在盤谷帝國領事館報告　　　　　商業
盤谷ニ於ケル米價ノ暴騰

63 明治44年10月25日　　26-28頁　　44年9月7日附在盤谷帝國領事館報告　　　　　商業
海外各地ニ於ケル木材工藝品需要概況　『其三』　暹國

65 明治44年11月5日　　39頁　　44年9月16日附在盤谷帝國領事館報告　　　　　　　貨幣及金融
暹國銖銀下落ニ就テ

65 明治44年11月5日　　52頁　　44年9月26日附在盤谷帝國領事館報告　　　　　　　條約及諸法規
暹國會社法ノ制定ニ就テ

67 明治44年11月15日　　32頁　　44年10月4日附在盤谷帝國領事館報告　　　　　　商業
盤谷港輸出入貿易統計『九月中』

71 明治44年12月1日　　　24頁　　　44年10月25日附在盤谷帝國領事館報告　　　　　　　　　　　　　商業
西貢米況

71 明治44年12月1日　　44-45頁　　　44年10月14日附在盤谷帝國領事館報告　　　　　　　　　　　　　農業
暹羅國米作状況『八月中』

72 明治44年12月5日　　　34頁　　　44年10月22日附在盤谷帝國領事館報告　　　　　　　　　　　　交通及通信
盤谷新嘉坡沿岸航路ノ増進

72 明治44年12月5日　　45-46頁　　　44年10月13日附在盤谷帝國領事館報告　　　　　　　　　　　　　雑報
華暹通商輪船公司ノ營業状況

73 明治44年12月10日　　　5頁　　　44年11月8日附在盤谷帝國領事館報告　　　　　　　　　　　　　　商業
盤谷港輸出入貿易統計『十月中』

73 明治44年12月10日　　55-57頁　　　44年11月8日附在盤谷帝國領事館報告　　　　　　　　　　　　　農業
暹國米作状況『九月中』

73 明治44年12月10日　　57-59頁　　　44年11月8日附在暹羅帝國公使館報告　　　　　　　　　　　　　農業
暹國棉花試作『岡田農事試驗場抜手調査』

74 明治44年12月15日　　57-58頁　　　44年10月27日附在盤谷帝國領事館報告　　　　　　　　　　　　農業
暹國産米ニ關スル調査

75 明治44年12月20日　　18-46頁　　　44年10月18日附在盤谷帝國領事館報告　　　　　　　　　　　　商業
盤谷港　自明治四十三年四月至同四十四年三月　貿易年報

1912年（明治４５年）
（自第壹號至第55號）

3 明治45年1月15日　　27-28頁　　　44年11月20日附在盤谷帝國領事館報告　　　　　　　　　　　　　商業
柴棍米況

10 明治45年2月5日　　　23頁　　　44年12月16日附在盤谷帝國領事野間政一報告　　　　　　　　　　　商業
盤谷港輸出入貿易統計『十一月中』

13 明治45年2月15日　　14-15頁　　　45年1月6日附在盤谷帝國領事野間政一報告　　　　　　　　　　　商業
西貢米況（四十四年自十一月十二日至十二月九日）

18 明治45年3月1日　　　27頁　　　45年1月23日附在盤谷帝國領事館事務代理外務　　　　　　　　　　　商業
　　　　　　　　　　　　　　　　書記生山口武報告
西貢米況（四十四年自十二月十日到四十五年一月六日）

24 明治45年3月15日　　　47頁　　　45年2月3日附在盤谷帝國領事館事務代理外務　　　　　　　　　　　商業
　　　　　　　　　　　　　　　　書記生山口武報告
盤谷港輸出入統計『一月中』

26 明治45年3月20日　　　15頁　　　45年2月16日附在盤谷帝國領事館事務代理外務　　　　　　　　　　商業
　　　　　　　　　　　　　　　　書記生山口武報告
盤谷ニ於ケル澱粉

27 明治45年3月25日　　　12頁　　　45年2月12日附在盤谷帝國領事館事務代理外務　　　　　　　　　　商業
　　　　　　　　　　　　　　　　書記生山口武報告
西貢米況　（自一月七日至二月二日）

34 明治45年4月15日　　　15頁　　　45年3月4日附在盤谷帝國領事館事務代理外務　　　　　　　　　　　商業
　　　　　　　　　　　　　　　　書記生山口武報告
盤谷港輸出入貿易統計『二月中』

37 明治45年4月25日　　4-5頁　　　45年3月14日附在盤谷帝國領事館事務代理外務　　　　　　　　　　商業
　　　　　　　　　　　　　　　　書記生山口武報告
西貢米況　（自二月三日至同三月二日）

38 明治45年5月1日　　電報1頁　　45年4月24日發在暹帝國代理公使三穂五郎電報　　　　　　　　　　電報
暹羅米賣控ノ警戒

41 明治45年5月15日　　　51頁　　　45年4月1日附在盤谷帝國領事三穂五郎報告　　　　　　　　　　　商業
西貢米況　（自三月三日至同三十日）

41 明治45年5月15日　　　52頁　　　45年4月10日附在盤谷帝國領事三穂五郎報告　　　　　　　　　　　商業
盤谷港貿易統計『三月中』

41 明治45年5月15日　　59-60頁　　45年4月10日附在盤谷帝國領事三穗五郎報告　　　　林業
佛領交趾支那ニ於ケル護謨事業

42 明治45年5月20日　　53-55頁　　45年4月19日附在盤谷帝國領事三穗五郎報告　　　　商業
暹羅米近況

42 明治45年5月20日　　57頁　　　45年4月16日附在盤谷帝國領事三穗五郎報告　　　　林業
暹羅ニ於ケル護謨栽培

44 明治45年6月1日　　　1頁　　　45年4月25日附在盤谷帝國領事三穗五郎報告　　　　時事
暹羅米輸出禁止ノ風評ニ就テ

45 明治45年6月5日　　41-42頁　　45年4月30日附在盤谷帝國領事三穗五郎報告　　　　林業
暹羅チーキノ近況

46 明治45年6月10日　　1頁　　　45年5月10日附在盤谷帝國領事三穗五郎報告　　　　時事
印度支那輸出米品質證明機關設立ノ提議

46 明治45年6月10日　　33頁　　　45年5月7日附在盤谷帝國領事三穗五郎報告　　　　商業
西貢米況

46 明治45年6月10日　　74頁　　　45年5月4日附在盤谷帝國領事三穗五郎報告　　　　商業
暹國外國貿易概報（自四十四年四月至四十五年三月）

46 明治45年6月10日　　76頁　　　45年5月3日附在盤谷帝國領事三穗五郎報告　　　　林業
コサムイ島ニ於ケル椰子乾核ノ産出

46 明治45年6月10日　　82-83頁　　45年5月10日附在盤谷帝國領事三穗五郎報告　　　交通及通信
東亞商會（イースト，アジアチック，コンパニー）ノ暹羅ニ於ケル經營

47 明治45年6月15日　　65頁　　　45年5月11日附在盤谷帝國領事三穗五郎報告　　　　林業
暹國チャンタブリー州護謨栽培近況

48 明治45年6月20日　　40-42頁　　45年5月14日附在盤谷帝國領事三穗五郎報告　　　　商業
盤谷ニ於ケル糠取引

51 明治45年7月5日　　28-29頁　　45年6月6日附在盤谷帝國領事三穗五郎報告　　　　商業
盤谷港貿易統計『五月中』

55 明治45年7月25日　　7頁　　　45年7月9日發在盤谷帝國領事三穗五郎電報　　　　商業
東洋各港在米高及輸出力　盤谷及西貢

1912年（大正元年）
（自第壹號至第31號）

1 大正元年8月1日　　12-13頁　　45年6月17日附在盤谷帝國領事三穗五郎報告　　　　商業
西貢米況（自四月二十八日至五月二十五日）

3 大正元年8月10日　　8頁　　　45年7月6日附在盤谷帝國領事三穗五郎報告　　　　商業
西貢米況（自五月二十六日至六月二十二日）

3 大正元年8月10日　　31-32頁　　45年7月6日附在盤谷帝國領事三穗五郎報告　　　交通及通信
暹羅灣西部ニ於ケル航海業競争妥協ニ就テ

3 大正元年8月10日　　32頁　　　45年6月28日附在盤谷帝國領事三穗五郎報告　　　交通及通信
暹羅南部鐵道工事現況

5 大正元年8月20日　　6-7頁　　45年7月18日附在盤谷帝國領事三穗五郎報告　　　　商業
盤谷ニ於ケル賣藥業ノ現狀

5 大正元年8月20日　　53-55頁　　45年7月12日附在盤谷帝國領事三穗五郎報告　　　　農業
暹羅國ノ稲作『五月中』

5 大正元年8月20日　　61-63頁　　45年7月11日附在盤谷帝國領事三穗五郎報告　　　　鑛業
暹羅國ニ於ケル錫産額トトングガー錫採掘會社

7 大正元年9月1日　　7-8頁　　45年7月24日附在盤谷帝國領事三穗五郎報告　　　　商業
暹羅國輸出米ト米價　附　本年作柄豫想

9 大正元年9月10日　　17頁　　大正元年8月6日附在盤谷帝國領事三穗五郎報告　　　　商業
西貢米況（自六月二十三日至七月二十日）

10 大正元年9月16日　　45-52頁　　大正元年8月14日附在盤谷帝國領事三穗五郎報告　　　農業
暹羅國農作狀況『六月中』

11　大正元年9月20日　　22-23頁　大正元年8月15日附在盤谷帝國領事三穂五郎報告　　　　商業
　　暹羅緬甸間ノ國境貿易『千九百十一年度』

11　大正元年9月20日　　39-40頁　大正元年8月15日附在盤谷帝國領事三穂五郎報告　　　　農業
　　佛領印度支那米況『四十四-五年』

13　大正元年10月1日　　17-18頁　大正元年8月27日附在盤谷帝國領事三穂五郎報告　　　　商業
　　西貢米況（自七月二十一日到八月十七日）

17　大正元年10月20日　　13-17頁　大正元年9月11日附在盤谷帝國領事三穂五郎報告　　　　商業
　　暹羅ニ於ケル陶磁器

18　大正元年10月25日　　20-22頁　大正元年9月17日附在盤谷帝國領事三穂五郎報告　　　　商業
　　暹羅ニ於ケル燐寸

18　大正元年10月25日　　38-43頁　大正元年9月21日附在盤谷帝國領事三穂五郎報告　　　　農業
　　暹羅國農作状況『七月中』

18　大正元年10月25日　　47-48頁　大正元年9月23日附在盤谷帝國領事三穂五郎報告　　　　林業
　　暹羅ニ於ケル實用木材

18　大正元年10月25日　　54頁　　大正元年9月17日附在盤谷帝國領事三穂五郎報告　　　　海外貿易品取引商紹介
　　盤谷ニ於ケル燐寸輸入業者

19　大正元年11月1日　　40-41頁　大正元年9月26日附在盤谷帝國領事三穂五郎報告　　　　商業
　　西貢米況　（自八月十八日至九月十八日）

21　大正元年11月10日　　49頁　　大正元年10月8日附在盤谷帝國領事三穂五郎報告　　　　各地事情
　　暹羅チェンマイ概況

23　大正元年11月20日　　9-31頁　大正元年10月4日附在盤谷帝國領事三穂五郎報告　　　　商業
　　盤谷港貿易年報（自明治四十四年四月至同四十五年三月）

23　大正元年11月20日　　44-47頁　大正元年10月12日附在盤谷帝國領事三穂五郎報告　　　　農業
　　暹羅國農作状況『八月中』

24　大正元年11月25日　　31-32頁　大正元年10月7日附在盤谷帝國領事三穂五郎報告　　　　財政及經濟
　　暹羅ニ於ケル阿片

26　大正元年12月1日　　30-31頁　大正元年10月25日附在盤谷帝國領事三穂五郎報告　　　　農業
　　暹羅國米作状況『九月中』

27　大正元年12月5日　　16-17頁　大正元年10月26日附在盤谷帝國領事三穂五郎報告　　　　商業
　　西貢米況

27　大正元年12月5日　　17-18頁　大正元年10月28日附在盤谷帝國領事三穂五郎報告　　　　商業
　　盤谷ニ於ケル本邦産手拭地ノ需要状況

27　大正元年12月5日　　59頁　　大正元年9月23日附在盤谷帝國領事三穂五郎報告　　　　條約竝諸法規
　　暹羅國商標條令ニ就テ

27　大正元年12月5日　　63頁　　大正元年10月28日附在盤谷帝國領事三穂五郎報告　　　　海外貿易品取引商紹介
　　盤谷ニ於ケル本邦産手拭地取扱商

29　大正元年12月15日　　52-54頁　大正元年11月12日附在盤谷帝國領事三穂五郎報告　　　　農業
　　暹羅國農作状況『九月中』

1913年（大正2年）
（自第壹號至第17號）

2　大正2年1月10日　　15-16頁　大正元年11月26日附在盤谷帝國領事三穂五郎報告　　　　商業
　　西貢米況　（大正元年自十月十三日至十一月九日）

3　大正2年1月15日　　巻首　　大正元年12月27日發在盤谷帝國臨時代理公使三穂五郎電報　　電報
　　暹羅國商標條例ニ就テ

3　大正2年1月15日　　63-65頁　大正元年11月13日附在盤谷帝國領事三穂五郎報告　　　　交通及通信
　　暹羅北部鐵道現況

4　大正2年1月20日　　27頁　　大正元年12月6日附在盤谷帝國領事三穂五郎報告　　　　農業
　　暹羅國米作豫想

5　大正2年1月25日　　38-39頁　大正元年12月14日附在盤谷帝國領事三穂五郎報告　　　　農業
　　暹羅農作物近況『大正元年十月』

6 大正２年2月1日　　　17-19頁　　大正元年12月19日附在盤谷帝國領事三穂五郎報告　　　　工業
　暹羅ニ於ケル漆器

6 大正２年2月1日　　　39-41頁　　大正元年12月7日附在盤谷帝國領事三穂五郎報告　　　　貨幣及金融
　暹羅貿易ト在留支那人

7 大正２年2月5日　　　9頁　　　大正元年12月26日附在盤谷帝國領事三穂五郎報告　　　商業
　西貢米況　（大正元年自十一月十日至十二月七日）

14 大正２年3月10日　　　10頁　　　大正2年2月4日附在盤谷帝國領事三穂五郎報告　　　商業
　西貢米況　（自大正元年十二月八日至同二年二月十八日）

16 大正２年3月20日　　　13-15頁　　大正2年2月8日附在盤谷帝國領事三穂五郎報告　　　商業
　暹羅米況『大正元一二年度』

通商公報

1913年（大正2年）

号数 発行日	ページ	報告者	掲載欄
報告題目			

第1巻
大正2年4-6月
（自第1號至第26號）

1 大正2年4月4日	9頁	大正2年2月28日附在盤谷帝國領事三穗五郎報告	商業
西貢米況（自一月十九日至二月十五日）			
1 大正2年4月4日	46-47頁	外務省通商局	關税及諸法規
暹羅に於ける通關手續			
3 大正2年4月10日	152-53頁	大正2年3月11日附在盤谷帝國領事三穗五郎報告	農業
暹羅國米作實収高			
4 大正2年4月14日	185頁	大正2年3月5日附在盤谷帝國領事三穗五郎報告	農業
暹羅國米田の灌漑設計			
9 大正2年5月1日	435-36頁	大正2年4月2日附在盤谷帝國領事三穗五郎報告	商業
西貢米況（自二月十六日至三月十五日）			
14 大正2年5月19日	654-55頁	大正2年4月19日附在盤谷帝國領事三穗五郎報告	商業
暹羅米輸出量及市價（千九百十二年）			
19 大正2年6月5日	930頁	大正2年5月6日附在盤谷帝國領事三穗五郎報告	檢疫竝衛生
汕頭を惡疫流行地と認めて暹羅に於ける檢疫			
20 大正2年6月9日	956頁	大正2年5月9日附在盤谷帝國領事三穗五郎報告	商業
暹羅米市況 『四月』			

第2巻
大正2年7-9月
（自第27號至第52號）

27 大正2年7月3日	11頁	大正2年6月6日附在盤谷帝國領事三穗五郎報告	商業
暹羅米市況 『五月』			
28 大正2年7月7日	49-50頁	大正2年6月11日附在盤谷帝國領事三穗五郎報告	農業
暹羅米作狀況 『四月分』			
34 大正2年7月28日	324-25頁	大正2年6月23日附在盤谷帝國領事三穗五郎報告	商業
暹羅に於ける日本毛斯倫狀況			
37 大正2年8月7日	464-65頁	大正2年7月7日附在盤谷帝國領事三穗五郎報告	商業
暹羅米市況 『六月中』			
38 大正2年8月11日	513-15頁	大正2年7月10日附在盤谷帝國領事三穗五郎報告	商業
暹羅に於ける繩綿布類			
41 大正2年8月21日	647頁	大正2年7月18日附在盤谷帝國領事三穗五郎報告	商業
暹羅に於ける黃楊			
41 大正2年8月21日	659-60頁	大正2年7月21日附在盤谷帝國領事三穗五郎報告	農業
暹羅米作狀況			
49 大正2年9月18日	960-62頁	大正2年8月16日附在盤谷帝國領事三穗五郎報告	商業
暹羅米商況 『七月分』			
49 大正2年9月18日	984-85頁	大正2年8月20日附在盤谷帝國領事三穗五郎報告	農業
暹羅稻作近況			

第3巻
大正2年10-12月
（自第53號至第77號）

53 大正2年10月2日	49頁	大正2年8月26日附在盤谷帝國領事三穗五郎報告	商業
摸造パナマ帽需要狀況 『暹羅』			
54 大正2年10月6日	電報欄	大正2年10月1日發在盤谷帝國臨時代理公使三穗五郎電報	電報
暹羅米の減収			
54 大正2年10月6日	110頁	大正2年8月26日附在盤谷帝國領事三穗五郎報告	紹介
帽子取扱商 『盤谷』			
55 大正2年10月9日	133頁	大正2年9月10日附在盤谷帝國領事三穗五郎報告	商業
暹羅米商況 『八月』			
55 大正2年10月9日	133-34頁	大正2年9月10日附在盤谷帝國領事三穗五郎報告	商業
安息香脂に關する調査 『盤谷』			
55 大正2年10月9日	143-44頁	大正2年9月12日附在盤谷帝國領事三穗五郎報告	農業
暹羅米作狀況 『八月』			
56 大正2年10月13日	161-65頁	大正2年9月6日附在盤谷帝國領事三穗五郎報告	商業
暹羅に於ける絹布類需要狀況			

43

64 大正 2 年11月10日　　486-87頁　　　　大正 2 年10月 8 日附在盤谷帝國領事三穂五郎報告　　　　　　　　　　商業
暹羅米商況　『九月中』

64 大正 2 年11月10日　　510-11頁　　　　大正 2 年10月13日附在盤谷帝國領事三穂五郎報告　　　　　　　　　　農業
暹羅米作近況

67 大正 2 年11月20日　　600-01頁　　　　大正 2 年10月16日附在盤谷帝國領事三穂五郎報告　　　　　　　　　　商業
暹羅國棉花に付て

72 大正 2 年12月 8 日　　833-34頁　　　　大正 2 年11月 7 日附在盤谷帝國領事三穂五郎報告　　　　　　　　　　商業
暹羅米商況　『十月中』

1914年（大正3年）

第4巻
大正 3 年1-3月
（自第78號至第101號）

78 大正 3 年 1 月 8 日　　　3-18頁　　　　大正 2 年11月14日附在盤谷帝國領事三穂五郎報告　　　　　　　　　　商業
暹羅大正元年貿易年報（自千九百十二年四月至千九百十三年三月）

79 大正 3 年 1 月12日　　102-04頁　　　　大正 2 年11月18日附在盤谷帝國領事三穂五郎報告　　　　　　　　　　農業
暹羅米作近況

80 大正 3 年 1 月15日　　152頁　　　　　　大正 2 年12月 5 日附在盤谷帝國領事三穂五郎報告　　　　　　　　　　商業
暹羅米商況　『大正二年十一月中』

80 大正 3 年 1 月15日　　160頁　　　　　　大正 2 年12月 6 日附在盤谷帝國領事三穂五郎報告　　　　　　　　　　農業
暹羅ピッサヌローク州棉花栽培段別

84 大正 3 年 1 月29日　　324-25頁　　　　大正 2 年12月24日附在盤谷帝國領事三穂五郎報告　　　　　　　　　　農業
暹羅米作近況

87 大正3年2月9日　　　487-89頁　　　　外務省通商局　　　　　　　　　　　　　　　　　　　　　　　　　　交通及通信
海外在留本邦人數一覽表　『大正二年六月末日現在』

88 大正 3 年 2 月12日　　495-96頁　　　　大正 3 年 1 月13日附在盤谷帝國領事三穂五郎報告　　　　　　　　　　商業
暹羅米商況　『大正二年十二月』

89 大正 3 年 2 月16日　　570-71頁　　　　大正 3 年 1 月10日附在盤谷帝國領事三穂五郎報告　　　　　　　　　　交通及通信
暹羅國南方鐵道現況

91 大正 3 年 2 月23日　　632-33頁　　　　大正 3 年 1 月23日附在盤谷帝國領事三穂五郎報告　　　　　　　　　　商業
暹羅米商況　『大正二年十一月中』

92 大正 3 年 2 月26日　　670頁　　　　　　大正 3 年 1 月20日附在盤谷帝國領事三穂五郎報告　　　　　　　　　　商業
阿片輸入狀況　『暹羅』

101 大正 3 年 3 月30日　　1125頁　　　　　大正 3 年 2 月23日附在盤谷帝國領事三穂五郎報告　　　　　　　　　　商業
キュバ、バストに付て　『暹羅』

第5巻
大正 3 年4-6月
（自第102號至第126號）

104 大正3年4月9日　　　125-26頁　　　　大正 3 年 3 月 7 日附在盤谷帝國領事三穂五郎報告　　　　　　　　　　商業
人力車需要狀況　『盤谷』

104 大正3年4月9日　　　134頁　　　　　　大正3年3月9日附在盤谷帝國領事三穂五郎報告　　　　　　　　　　　　農業
暹羅棉花栽培狀況

104 大正 3 年4月9日　　　136頁　　　　　　大正 3 年 3 月 5 日附在暹帝國臨時代理公使三穂五郎報告　　　　　　博覽會及各種會議
巴奈馬博覽會出品歡誘員暹羅に到る

106 大正 3 年 4 月16日　　195-96頁　　　　大正 3 年 3 月14日附在盤谷帝國領事三穂五郎報告　　　　　　　　　　商業
硝子紙需要狀況　『盤谷』

106 大正 3 年 4 月16日　　196頁　　　　　　大正 3 年 3 月17日附在盤谷帝國領事三穂五郎報告　　　　　　　　　　商業
暹羅米商況　『一、二月中』

106 大正 3 年 4 月16日　　225頁　　　　　　大正 3 年 3 月14日附在盤谷帝國領事三穂五郎報告　　　　　　　　　　紹介
日本商店　『盤谷』

108 大正 3 年 4 月23日　　282-83頁　　　　大正 3 年 3 月23日附在盤谷帝國領事三穂五郎報告　　　　　　　　　　商業
自轉車需要狀況　『盤谷』

108 大正 3 年 4 月23日　　302頁　　　　　　大正 3 年 3 月23日附在盤谷帝國領事三穂五郎報告　　　　　　　　　　紹介
自轉車輸入商　『盤谷』

109 大正3年4月27日　　　345-47頁　　　　外務省通商局　　　　　　　　　　　　　　　　　　　　　　　　　　水産業
南洋の水産　『其一』　暹羅

110 大正3年4月30日　　　401-04頁　　　　外務省通商局　　　　　　　　　　　　　　　　　　　　　　　　　　水産業
南洋の水産　『其二』　暹羅

111 大正3年5月4日　　　445-47頁　　　　外務省通商局　　　　　　　　　　　　　　　　　　　　　　　　　　水産業
南洋の水産　『其三』　暹羅

112 大正3年5月7日　　　470-72頁 暹羅に於ける黒檀材に付て	大正3年4月2日附在盤谷帝國領事三穂五郎報告	商業
112 大正3年5月7日　　　484-85頁 南洋の水産　『其四』　暹羅	外務省通商局	水産業
112 大正3年5月7日　　　506頁 黒檀取扱商　『盤谷』	大正3年4月2日附在盤谷帝國領事三穂五郎報告	紹介
113 大正3年5月11日　　　525-27頁 南洋の水産　『其五』　暹羅	外務省通商局	水産業
116 大正3年5月21日　　　661-67頁 南洋の水産　『其七』　暹羅	外務省通商局	水産業
117 大正3年5月28日　　　678-89頁 暹羅米商況（自一月至三月）	大正3年4月24日附在盤谷帝國領事三穂五郎報告	商業
117 大正3年5月28日　　　704-06頁 南洋の水産　『其八』　暹國プラトー漁業	外務省通商局	水産業
119 大正3年6月4日　　　784-800頁 南洋の水産　『其十』	外務省通商局	水産業
120 大正3年6月8日　　　814-15頁 暹羅米商況　『四月中』	大正3年5月9日附在盤谷帝國領事三穂五郎報告	商業
122 大正3年6月15日　　　925-30頁 南洋の水産　『其一三』　暹羅水産貿易状況	外務省通商局	水産業
123 大正3年6月18日　　　966-67頁 南洋の水産　『其一四』　漁業根拠地　暹羅	外務省通商局	水産業
124 大正3年6月22日　　　997-1007頁 南洋の水産　『其一五』　漁業に關する法規　暹羅	外務省通商局	水産業

第6巻
大正3年7-9月
（自第127號至第152號）

127 大正3年7月2日　　　13頁 暹羅米實收高　『千九百十三一四年度』	大正3年6月4日附在盤谷帝國領事三穂五郎報告	農業
130 大正3年7月13日　　　147-49頁 雑貨、糠及粉米市況	大正3年6月6日附在盤谷帝國領事三穂五郎報告	商業
130 大正3年7月13日　　　163頁 雑貨及穀物商　『盤谷』	大正3年6月6日附在盤谷帝國領事三穂五郎報告	紹介
131 大正3年7月16日　　　202-03頁 暹羅米商況　『五月中』	大正3年6月13日附在盤谷帝國領事三穂五郎報告	商業
131 大正3年7月16日　　　215-18頁 暹羅米に付き	大正3年6月16日附在盤谷帝國領事三穂五郎報告	農業
134 大正3年7月27日　　　382-84頁 暹羅の度量衡	大正3年6月24日附在盤谷帝國領事三穂五郎報告	商業
137 大正3年8月6日　　　479-83頁 暹羅國モルヒネ及コカイン法	大正3年6月3日附在暹帝國臨時代理公使三穂五郎報告	關税及諸法規
137 大正3年8月6日　　　483-87頁 暹羅國銃器法	大正3年6月5日附在暹帝國臨時代理公使三穂五郎報告	關税及諸法規
138 大正3年8月10日　　　電報欄 暹羅に於ける戦亂の影響	大正3年8月5日附在盤谷帝國領事三穂五郎電報	電報
138 大正3年8月10日　　　497-98頁 暹羅米商況　『六月中』	大正3年7月8日附在盤谷帝國領事三穂五郎報告	商業
150 大正3年9月21日　　　961-62頁 雑貨取扱商　『盤谷』	大正3年8月12日附在盤谷帝國領事三穂五郎報告	紹介

第7巻
大正3年10-12月
（自第153號至第178號）

153 大正3年10月1日　　　23-25頁 暹羅米商況　『七月中』	大正3年8月17日附在盤谷帝國領事三穂五郎報告	商業
153 大正3年10月1日　　　38-39頁 暹羅に於ける牛疫斃死　『四、五月』	大正3年8月17日附在盤谷帝國領事三穂五郎報告	檢疫竝衛生
155 大正3年10月8日　　　105-07頁 暹羅米商況　『八月中』	大正3年9月8日附在盤谷帝國領事三穂五郎報告	商業
155 大正3年10月8日　　　112-13頁 暹羅米作状況　『六月中』	大正3年9月5日附在盤谷帝國領事三穂五郎報告	農業

156　大正 3 年10月12日　152-55頁　　　　大正 3 年9月1日附在暹帝國臨時代理公使三穂五郎報告　　　　　　　　鑛業
　　　暹羅に於ける鑛業現況

156　大正 3 年10月12日　164頁　　　　　大正 3 年9月5日附在暹帝國臨時代理公使三穂五郎報告　　　　　　　　交通及通信
　　　暹羅近海の航路現状

157　大正 3 年10月15日　190-01頁　　　　大正 3 年9月10日附在盤谷帝國領事三穂五郎報告　　　　　　　　　商業
　　　暹羅に於ける綿毛布需要状況

157　大正 3 年10月15日　206-07頁　　　　大正 3 年8月18日附在盤谷帝國領事三穂五郎報告　　　　　　　　　紹介
　　　皮革取扱商　『盤谷』

157　大正 3 年10月15日　207頁　　　　　大正 3 年9月10日附在盤谷帝國領事三穂五郎報告　　　　　　　　　紹介
　　　綿毛布取扱商　『盤谷』

162　大正 3 年11月2日　410頁　　　　　　大正 3 年10月2日附在盤谷帝國領事三穂五郎報告　　　　　　　　　商業
　　　盤谷に於けるチーキ材商況

165　大正 3 年11月12日　553-54頁　　　　大正 3 年10月7日附在盤谷帝國領事三穂五郎報告　　　　　　　　　商業
　　　暹羅米商況（九月中）

166　大正 3 年11月16日　585-93頁　　　　大正 3 年10月3日,5日,14日附在盤谷帝國領事三穂五郎報告　　　　　　商業
　　　暹羅に於ける有望本邦製雑貨　『帽子類、革製品、ランプ類』

167　大正 3 年11月19日　640-46頁　　　　大正 3 年9月29日附在暹羅帝國臨時代理公使三穂五郎報告　　　　　　財政及經濟
　　　暹羅財政の現況

168　大正3年11月24日　電報2頁　　　　　大正 3 年11月21日著在暹帝國臨時代理公使三穂五郎電報　　　　　　　電報
　　　暹羅に於ける日本燐寸の暴騰

170　大正 3 年11月30日　759-61頁　　　　大正 3 年10月28日附在盤谷帝國領事三穂五郎報告　　　　　　　　　商業
　　　暹羅に於ける生牛及牛皮に付て

173　大正 3 年12月10日　895-96頁　　　　大正 3 年11月5日附在盤谷帝國領事三穂五郎報告　　　　　　　　　商業
　　　歐洲戰亂の影響　『盤谷』

173　大正 3 年12月10日　904-05頁　　　　大正 3 年11月5日附在盤谷帝國領事三穂五郎報告　　　　　　　　　商業
　　　暹羅米商況　『十月中』

173　大正 3 年12月10日　910-11頁　　　　大正 3 年11月5日附在盤谷帝國領事三穂五郎報告　　　　　　　　　農業
　　　暹羅米作状況（自七月至九月）

174　大正 3 年12月14日　982-83頁　　　　大正 3 年11月5日附在盤谷帝國領事三穂五郎報告　　　　　　　　　農業
　　　暹羅米作状況（十月十四日）

176　大正 3 年12月21日　1076-77頁　　　大正 3 年11月18日附在盤谷帝國領事三穂五郎報告　　　　　　　　農業
　　　暹羅米作状況（自十月十五日至十月二十一日）

178　大正 3 年12月28日　1173-76頁　　　大正 3 年11月20日附在盤谷帝國領事三穂五郎報告　　　　　　　　商業
　　　盤谷に於けるチーキ材に付て

178　大正3年12月28日　1183-84頁　　　大正3年11月27日附在盤谷帝國領事三穂五郎報告　　　　　　　　　農業
　　　暹羅米作状況（自十月二十三日至十月三十一日）

178　大正 3 年12月28日　1193頁　　　　大正 3 年11月20日附在盤谷帝國領事三穂五郎報告　　　　　　　　　紹介
　　　チーキ材取扱商　『盤谷』

1915年（大正4年）

第8巻
大正 4 年1-3月
（自第179號至第201號）

181　大正 4 年1月18日　125-26頁　　　　大正 3 年12月17日附在盤谷帝國領事三穂五郎報告　　　　　　　　商業
　　　暹羅米商況　『大正三年十一月中』

181　大正 4 年1月18日　148-51頁　　　　大正 3 年12月16日,17日及18日附在盤谷帝國領事三穂五郎報告　　　　農業
　　　暹羅米作状況（自大正三年十一月一日至同十一月三十日）

181　大正 4 年1月18日　162-63頁　　　　大正 3 年12月8日及15日附在盤谷帝國領事三穂五郎報告　　　　　　檢疫竝衛生
　　　暹羅に於ける牛疫　『大正三年八九月中』

182　大正 4 年1月21日　180-01頁　　　　大正 3 年12月2日附在盤谷帝國領事三穂五郎報告　　　　　　　　　商業
　　　板紙需要状況　『暹羅』

182　大正 4 年1月21日　214頁　　　　　大正 3 年12月2日附在盤谷帝國領事三穂五郎報告　　　　　　　　　紹介
　　　板紙取扱商　『盤谷』

184　大正 4 年1月28日　303頁　　　　　大正 3 年12月26日附在盤谷帝國領事三穂五郎報告　　　　　　　　　農業
　　　暹羅棉花作状況

186　大正 4 年2月4日　419-20頁　　　　大正 3 年12月28日附在盤谷帝國領事三穂五郎報告　　　　　　　　農業
　　　暹羅米作状況（自大正三年十二月一日至同十二月十四日）

189　大正 4 年2月15日　570-01頁　　　　大正 4 年1月12日附在盤谷帝國領事三穂五郎報告　　　　　　　　　商業
　　　暹羅米商況　『大正三年十二月』

189 大正4年2月15日	610-11頁	大正4年1月10日附在盤谷帝國領事三穂五郎報告		檢疫竝衛生
暹羅に於ける牛疫 『大正三年十月』				
191 大正4年2月22日	701頁	大正4年1月15日附在盤谷帝國領事三穂五郎報告		農業
暹羅米作狀況（自大正三年十二月十五日至同十二月二十一日）				
192 大正4年2月25日	734-35頁	大正4年1月23日附在盤谷帝國領事三穂五郎報告		農業
暹羅米作狀況（自大正三年十二月二十二日至同三十一日）				
192 大正4年2月25日	756-57頁	外務省通商局		關稅及諸法規
暹羅國商標登録に付て				
195 大正4年3月8日	913-14頁	大正4年1月28日附在盤谷帝國領事三穂五郎報告		農業
暹羅米作狀況（自一月一日至一月七日）				
196 大正4年3月11日	960-01頁	大正4年2月9日附在盤谷帝國領事三穂五郎報告		商業
暹羅米商況				
196 大正4年3月11日	974-75頁	大正4年2月3日附在盤谷帝國領事三穂五郎報告		農業
暹羅米作狀況 （自一月八日至一月十四日）				
198 大正4年3月18日	1080-81頁	大正4年2月11日附在盤谷帝國領事三穂五郎報告		農業
暹羅米作狀況 （自一月十五日至一月二十一日）				
199 大正4年3月23日	1173-74頁	大正4年2月1日附在盤谷帝國領事三穂五郎報告		紹介
雑貨商 『盤谷』				

第9巻
大正4年4-6月
（自第202號至第227號）

202 大正4年4月1日	24-26頁	大正4年2月20日及27日附在盤谷帝國領事三穂五郎報告		農業
暹羅米作狀況（自一月二十二日至二月七日）				
203 大正4年4月5日	57-59頁	大正4年3月5日附在盤谷帝國領事三穂五郎報告		商業
暹羅米況 『二月』				
203 大正4年4月5日	69-70頁	大正4年3月5日附在盤谷帝國領事三穂五郎報告		農業
暹羅米作狀況（自二月八日至同十四日）				
203 大正4年4月5日	92頁	大正4年2月27日附在盤谷帝國領事三穂五郎報告		檢疫竝衛生
暹羅に於ける牛疫 『大正三年十一月』				
208 大正4年4月22日	314-15頁	大正4年3月18日及19日附在盤谷帝國領事三穂五郎報告		農業
暹羅米作狀況 （自二月十五日至二月二十八日）				
210 大正4年4月29日	419頁	大正4年3月29日附在盤谷帝國領事三穂五郎報告		農業
暹羅米作週報（自三月一日至同七日）				
211 大正4年5月3日	443-44頁	大正4年3月31日附在盤谷帝國領事三穂五郎報告		商業
紫檀及花梨材商況 『暹羅』				
211 大正4年5月3日	487-88頁	大正4年3月31日附在盤谷帝國領事三穂五郎報告		紹介
紫檀及花梨材取扱業者 『暹羅』				
213 大正4年5月10日	543-46頁	大正4年4月3日附在盤谷帝國領事三穂五郎報告		商業
銅眞鍮及鋼鐵製品需給狀況 『盤谷』				
213 大正4年5月10日	582-83頁	大正4年4月3日附在盤谷帝國領事三穂五郎報告		紹介
銅眞鍮及鋼鐵製品取扱商竝廣告機關新聞紙名 『盤谷』				

第10巻
大正4年7-9月
（自第228號至第254號）

231 大正4年7月12日	153-54頁	大正4年6月10日附在盤谷帝國領事井田守三報告		商業
暹羅國に於ける洋燈の需要				

第11巻
大正4年10-12月
（自第255號至第278號）

257 大正4年10月11日	104-06頁	大正4年9月9日附在盤谷帝國領事井田守三報告		商業
暹羅米商況 『六月』				
257 大正4年10月11日	122-23頁	大正4年9月9日附在盤谷帝國領事井田守三報告		農業
暹羅國稲作概況				
259 大正4年10月18日	190-01頁	大正4年9月12日所在盤谷帝國領事井田守三報告		商業
暹羅に於ける電線需要狀況				
259 大正4年10月18日	191-92頁	大正4年9月13日附在盤谷帝國領事井田守三報告		商業
暹羅米商況 『七月』				
260 大正4年10月21日	255頁	大正4年9月16日附在盤谷帝國領事井田守三報告		商業
暹羅米商況 『八月』				

266 大正4年11月15日　543頁 暹羅官設鐵道南方線の現況	大正4年10月1日附在盤谷帝國領事井田守三報告	交通及通信
267 大正4年11月18日　579-80頁 暹羅國稲作概況	大正4年10月6日附在盤谷帝國領事井田守三報告	農業
268 大正4年11月22日　599-600頁 盤谷港に於ける石炭の需給	大正4年9月28日附在盤谷帝國領事井田守三報告	商業
268 大正4年11月22日　600-01頁 暹羅米商況　『九月』	大正4年10月14日附在盤谷帝國領事井田守三報告	商業
268 大正4年11月22日　603頁 暹羅旅行者に對する旅券上の注意	外務省通商局	移民及労働
268 大正4年11月22日　628頁 石炭取扱商　『盤谷』	大正4年9月28日附在盤谷帝國領事井田守三報告	紹介
270 大正4年11月29日　683-84頁 暹羅に於けるセメント會社の設立	大正4年10月17日附在盤谷帝國領事井田守三報告	工業
270 大正4年11月29日　690-91頁 暹羅官設鐵道北方線の概況	大正4年10月16日附在盤谷帝國領事井田守三報告	交通及通信
273 大正4年12月9日　821-22頁 暹羅米作状況　『一九一五年』	大正4年11月2日附在盤谷帝國領事井田守三報告	農業
276 大正4年12月20日　937-38頁 暹羅米商況　『十月』	大正4年11月9日附在盤谷帝國領事井田守三報告	商業

1916年（大正5年）

第12巻
大正5年1-3月
（自第279號至第302號）

279 大正5年1月10日　32-33頁 暹羅稲作状況　『一九一五年十月』	大正4年11月22日附在盤谷帝國領事井田守三報告	農業
282 大正5年1月20日　175-76頁 暹羅米商況　『大正四年十一月』	大正4年12月6日附在盤谷帝國領事井田守三報告	商業
282 大正5年1月20日　185-86頁 暹羅米作状況	大正4年12月20日附在盤谷帝國領事井田守三報告	農業
283 大正5年1月24日　232頁 自轉車輸入商　『盤谷』	大正4年12月23日附在盤谷帝國領事井田守三報告	紹介
283 大正5年1月24日　232頁 雑貨莫大小取扱商　『盤谷』	大正4年12月23日附在盤谷帝國領事井田守三報告	紹介
284 大正5年1月27日　267-77頁 暹羅灣の海運業	大正4年12月16日附在暹羅帝國特命全權公使西源四郎報告	交通及通信
287 大正5年2月7日　393-94頁 曲木椅子類の需要　『盤谷』	大正4年12月24日附在盤谷帝國領事井田守三報告	商業
287 大正5年2月7日　432頁 曲木椅子類取扱商　『盤谷』	大正4年12月24日附在盤谷帝國領事井田守三報告	紹介
289 大正5年2月14日　489-92頁 暹羅棉花栽培及輸出状況	大正4年12月11日附在盤谷帝國領事井田守三報告	商業
290 大正5年2月17日　531-32頁 名刺及カード用紙需給状況　『盤谷』	大正4年12月28日附在盤谷帝國領事井田守三報告	商業
290 大正5年2月17日　547-48頁 暹羅米商況	大正5年1月8日附在盤谷帝國領事井田守三報告	商業
290 大正5年2月17日　552-53頁 暹羅米作状況	大正5年1月9日附在盤谷帝國領事井田守三報告	農業
291 大正5年2月21日　585-86頁 石盤需給状況　『盤谷』	大正4年12月23日附在盤谷帝國領事井田守三報告	商業
291 大正5年2月21日　619頁 石盤取扱商　『盤谷』	大正4年12月23日附在盤谷帝國領事井田守三報告	紹介
292 大正5年2月24日　646頁 暹羅米作状況	大正5年1月24日附在盤谷帝國領事井田守三報告	農業
295 大正5年3月6日　電報1頁 盤谷をペスト流行地と認定	大正5年2月29日發在盤谷帝國領事井田守三電報	電報
295 大正5年3月6日　769-85頁 盤谷貿易年報　『大正三年度』	大正5年1月21日附在盤谷帝國領事井田守三報告	商業
298 大正5年3月16日　944-46頁 暹羅米商況　『一月』	大正5年2月12日附在盤谷帝國領事井田守三報告	商業

298 大正5年3月16日　　952-53頁 暹羅米作状況	大正5年2月9日附在盤谷帝國領事井田守三報告		農業
301 大正5年3月27日　　1085-86頁 暹羅米作状況	大正5年2月24日附在盤谷帝國領事井田守三報告		農業
302 大正5年3月30日　　1118頁 綿縮需要状況　　『盤谷』	大正4年12月18日附在盤谷帝國領事井田守三報告		商業
302 大正5年3月30日　　1119頁 乾電池懐中電燈の需要　『盤谷』	大正5年1月24日附在盤谷帝國領事井田守三報告		商業
302 大正5年3月30日　　1150頁 綿縮取扱商　　『盤谷』	大正4年12月18日附在盤谷帝國領事井田守三報告		紹介
302 大正5年3月30日　　1150頁 乾電池及懐中電燈類取扱商　『盤谷』	大正5年1月24日附在盤谷帝國領事井田守三報告		紹介

第13巻
大正5年4-6月
（自第303號至第328號）

306 大正5年4月13日　　154-55頁 暹羅米商況　　『二月』	大正5年3月6日附在盤谷帝國領事井田守三報告		商業
306 大正5年4月13日　　158-59頁 暹羅米作状況	大正5年3月12日附在盤谷帝國領事井田守三報告		農業
310 大正5年4月27日　　321-22頁 暹羅稲作状況	大正5年3月26日附在盤谷帝國領事井田守三報告		農業
314 大正5年5月11日　　516-18頁 暹羅米商況　　『三月』	大正5年4月9日附在盤谷帝國領事井田守三報告		商業
317 大正5年5月22日　　電報2-3頁 暹羅檢疫施行	大正5年5月13日發在盤谷帝國領事井田守三電報		電報
321 大正5年6月5日　　電報1頁 暹羅米収穫高	大正5年5月31日發在盤谷帝國領事井田守三電報		電報
325 大正5年6月19日　　1009-10頁 暹羅米商況　　『四月』	大正5年5月13日附在盤谷帝國領事井田守三報告		商業

第14巻
大正5年7-9月
（自第329號至第354號）

330 大正5年7月6日　　93頁 暹羅海に於ける海賊船の出現	大正5年5月30日附在暹羅帝國特命全權公使西源四郎報告		雑報
337 大正5年7月31日　　373-74頁 暹羅米商況　　『五月』	大正5年6月25日附在盤谷帝國領事井田守三報告		商業
337 大正5年7月31日　　376-77頁 暹羅米作付段別及産額　『一九一四年度』	大正5年6月26日附在盤谷帝國領事井田守三報告		農業
342 大正5年8月17日　　585-86頁 盤谷に於ける石炭輸入額	大正5年7月3日附在盤谷帝國領事井田守三報告		商業
343 大正5年8月21日　　658頁 暹羅馬來半島縦貫鐵道工事進捗	大正5年7月24日附在盤谷帝國領事井田守三報告		交通及通信
345 大正5年8月28日　　電報1頁 暹羅檢疫癈止	大正5年8月17日發在盤谷帝國領事井田守三電報		電報
345 大正5年8月28日　　725頁 緬甸タボイに於けるウルフラム會社設立	大正5年7月28日附在暹羅帝國特命全權公使西源四郎報告		鑛業
345 大正5年8月28日　　741-50頁 最近暹羅國事情一斑	大正5年7月14日附在暹羅帝國特命全權公使西源四郎報告		各地事情
347 大正5年9月4日　　825-26頁 盤谷港海運界近況	大正5年7月19日附在暹帝國特命全權公使西源四郎報告		交通及通信
348 大正5年9月7日　　863-64頁 盤谷に於ける自轉車需給状況	大正5年7月28日附在盤谷帝國領事井田守三報告		商業
349 大正5年9月11日　　885-87頁 暹羅米作状況	大正5年8月1日附在盤谷帝國領事井田守三報告		農業
349 大正5年9月11日　　908頁 自轉車取扱商　　『盤谷』	大正5年7月28日附在盤谷帝國領事井田守三報告		紹介

第15巻
大正5年10-12月
（自第355號至第380號）

357 大正5年10月9日　　108-10頁 暹羅に於ける砂糖及糖蜜需要状況	大正5年8月14日附在盤谷帝國領事井田守三報告	商業
357 大正5年10月9日　　119-20頁 暹羅米作状況	大正5年9月2日附在盤谷帝國領事井田守三報告	農業
357 大正5年10月9日　　142頁 砂糖取扱商　『盤谷』	大正5年8月14日附在盤谷帝國領事井田守三報告	紹介
359 大正5年10月16日　　206-8頁 暹羅米商況　『七、八月』	大正5年9月14日附在盤谷帝國領事井田守三報告	商業
363 大正5年10月30日　　420頁 暹羅に於ける稲作面積及米収穫高	大正5年9月7日附在盤谷帝國領事井田守三報告	農業
369 大正5年11月20日　　670-71頁 暹羅南方鐵道開通	大正5年10月14日附在盤谷帝國領事井田守三報告	交通及通信
369 大正5年11月20日　　671頁 盤谷香港間電信料金改正	大正5年10月16日附在盤谷帝國領事井田守三報告	交通及通信
374 大正5年12月7日　　944-45頁 本邦商品に對する注意『暹羅』	大正5年10月22日附在盤谷帝國領事井田守三報告	雑報
378 大正5年12月21日　　電報1頁 香港を天然痘流行地と認定　『暹羅』	大正5年12月14日發在暹帝國特命全權公使西源四郎電報	電報

1917年（大正6年）

第16巻
大正6年1-3月
（自第381號至第403號）

387 大正6年2月1日　　電報欄 香港よりの來航者に種痘施行	大正6年1月28日發在暹羅帝國特命全權公使西源四郎電報	電報
387 大正6年2月1日　　319-21頁 暹羅米作状況	大正5年12月28日附在盤谷帝國領事館事務代理山口武報告	農業
398 大正6年3月12日　829頁 時局中暹羅に於ける開店者に對する注意	大正6年2月7日附在盤谷帝國領事高橋清一報告	商業
400 大正6年3月19日　936-38頁 暹羅米輸出數量及價額　『大正五年下半期』	大正6年2月17日附在盤谷帝國領事高橋清一報告	商業
400 大正6年3月19日　950-51頁 盤谷海運界と本邦船舶	大正6年2月13日附在盤谷帝國領事高橋清一報告	交通及通信

第17巻
大正6年4-6月
（自第404號至第429號）

406 大正6年4月9日　　電報2頁 香港よりの來航船舶に對する檢疫癈止	大正6年4月4日發在暹帝國特命全權公使西源四郎電報	電報
415 大正6年5月10日　　570頁 暹羅國銀輸出禁止令	外務省通商局	關税及諸法規
419 大正6年5月24日　　715-30頁 盤谷外國貿易年報（自大正四年四月至大正五年三月）	大正6年3月6日附在盤谷帝國領事高橋清一報告	商業
421 大正6年5月31日　846-52頁 暹羅官設鐵道南部線の現況と其價値	大正6年3月16日附在暹帝國特命全權公使西源四郎報告	交通及通信
429 大正6年6月28日　　電報1-2頁 暹羅國銀輸出禁止令公布	外務省通商局	電報

第18巻
大正6年7-9月
（自第430號至第455號）

434 大正6年7月16日　　電報1頁 暹羅に於ける米収穫高	大正6年7月10日附在盤谷帝國領事高橋清一電報	電報
434 大正6年7月16日　　227頁 盤谷日本内地間電信料金改正	大正6年5月30日附在盤谷帝國領事高橋清一報告	交通及通信
439 大正6年8月2日　　電報1頁 暹羅對敵通商禁止法發布	大正6年7月25日發在暹帝國特命全權公使西源四郎電報	電報
440 大正6年8月6日　　電報3頁 暹羅に於ける戦時檢閲規則要領	大正6年8月2日著在暹羅帝國特命全權公使西源四郎電報	電報
442 大正6年8月13日　　573-77頁 暹羅に於ける農作物状況　『三月』	大正6年7月9日附在盤谷帝國領事高橋清一報告	農業

443 大正6年8月16日　　　626頁　　　　　大正6年7月5日附在暹帝國特命全権公使西源四郎報告　　　　　　關税及諸法規
暹羅國銀輸出禁止令適用に關する領事館令

448 大正6年9月3日　　　808-12頁　　　大正6年7月25日附在盤谷帝國領事高橋清一報告　　　　　　商業
暹羅米商況　（自一月至六月）

449 大正6年9月6日　　　836頁　　　　　大正6年7月19日附在盤谷帝國領事高橋清一報告　　　　　　商業
枸櫞酸需給状況　『盤谷』

450 大正6年9月10日　　　881頁　　　　大正6年7月20日附在盤谷帝國領事高橋清一報告　　　　　　農業
暹羅に於ける米収穫高　『大正五一六年度』

455 大正6年9月27日　　　1070-71頁　　大正6年8月17日附在盤谷帝國領事高橋清一報告　　　　　　商業
暹羅米商況　『七月』

455 大正6年9月27日　　　1104頁　　　大正6年6月27日附在盤谷帝國領事高橋清一報告　　　　　　紹介
各種商品取扱商　『盤谷』

第19巻
大正6年10-12月
（自第456號至第481號）

456 大正6年10月1日　　　10-12頁　　　大正6年8月23日附在盤谷帝國領事高橋清一報告　　　　　　商業
暹羅に於ける魚類需給状況

456 大正6年10月1日　　　12-14頁　　　大正6年8月25日附在盤谷帝國領事高橋清一報告　　　　　　商業
暹羅に於ける莫大小及同製品輸入状況

467 大正6年11月8日　　　505-06頁　　大正6年8月8日附在盤谷帝國領事高橋清一報告　　　　　　商業
暹羅に於ける本邦製浴巾に付て

468 大正6年11月12日　　　電報1頁　　大正6年11月6日發在暹帝國特命全権公使西源四郎電報　　　電報
暹羅米作の水害

469 大正6年11月15日　　　573-74頁　大正6年10月4日附在盤谷帝國領事高橋清一報告　　　　　　商業
暹羅米商況　『八月』

480 大正6年12月24日　　　1062-63頁　大正6年11月15日附在盤谷帝國領事高橋清一報告　　　　　商業
暹羅米商況　『九月』

480 大正6年12月24日　　　1100頁　　大正6年11月23日附在暹帝國特命全権公使西源四郎報告　　　雑報
暹羅に於ける水害状況

1918年（大正7年）

第20巻
大正7年1-3月
（自第482號至第504號）

488 大正7年1月31日　　　266-68頁　大正6年11月20日附在盤谷帝國領事高橋清一報告　　　　　農業
暹羅國大正四-五年度籾米収穫高に付て

497 大正7年3月4日　　　587頁　　　大正7年1月22日附在暹帝國特命全権公使西源四郎報告　　　交通及通信
暹羅に於ける汽船會社の新設

498 大正7年3月7日　　　電報1-2頁　大正7年3月3日發在暹帝國特命全権公使西源四郎電報　　　電報
汕頭よりの來航船に對する種痘施行　『暹羅』

第21巻
大正7年4-6月
（自第505號至第530號）

505 大正7年4月1日　　　2-17頁　　大正7年2月1日附在盤谷帝國領事高橋清一報告　　　　　　商業
盤谷外國貿易年報　『大正五年度』

513 大正7年4月29日　　　356-61頁　大正7年2月28日附在盤谷帝國領事高橋清一報告　　　　　交通及通信
盤谷港出入船舶　『大正五年度』

515 大正7年5月6日　　　431-34頁　大正7年3月15日附在盤谷帝國領事高橋清一報告　　　　　　商業
盤谷に於ける暹羅米輸出状況　『大正六年下半期』

519 大正7年5月20日　　　電報1頁　大正7年5月14日發在暹帝國特命全権公使西源四郎電報　　　電報
汕頭及香港よりの來航船に對する檢疫　『盤谷』

519 大正7年5月20日　　　687-88頁　大正7年3月16日附在盤谷帝國領事高橋清一報告　　　　　紹介
レッテル其他印刷物需要者　『盤谷』

第22巻
大正7年7-9月
（自第531號至第557號）

532 大正7年7月4日　　　55-57頁　大正7年5月28日附在盤谷帝國領事高橋清一報告　　　　　　商業
暹羅米商況　『四月』

539 大正7年7月29日　　　374頁　　大正7年6月21日附在暹帝國特命全権公使西源四郎報告　　　交通及通信
盤谷彼南間鐵道全通

542 大正7年8月8日　　　464-65頁　大正7年6月27日附在盤谷帝國領事高橋清一報告　　　　　商業
セメント需給状況　『暹羅』

547 大正7年8月26日　　　630-32頁　大正7年7月15日附在盤谷帝國領事高橋清一報告　　　　　商業
暹羅米商況　『五月』

555 大正 7 年9月23日　916-17頁 盤谷港海運状況（自一月至六月）	大正7年8月6日附在盤谷帝國領事高橋清一報告	交通及通信

第２３巻
大正 7 年 10-12月
（自第558號至第582號）

561 大正 7 年10月14日　153-54頁 暹羅米収穫高　『大正六年度』	大正7年9月6日附在盤谷帝國領事高橋清一報告	農業
562 大正 7 年10月18日　電報2頁 暹羅に於ける香港發船舶檢疫癈止	大正7年10月12日發在盤谷帝國特命全権公使西源四郎電報	電報
565 大正 7 年10月28日　312-13頁 暹羅米商況　『七月』	大正7年9月12日附在盤谷帝國領事高橋清一報告	商業
571 大正 7 年11月18日　569-87頁 盤谷貿易年報　『大正六年度』	大正7年10月10日附在盤谷帝國領事高橋清一報告	商業
571 大正 7 年11月18日　587-88頁 暹羅米商況　『八月』	大正7年10月10日附在盤谷帝國領事高橋清一報告	商業
576 大正 7 年12月5日　781頁 莫大小需給状況　『盤谷』	大正7年9月27日附在盤谷帝國領事高橋清一報告	商業
576 大正 7 年12月5日　800-01頁 莫大小製造業者竝輸入販賣業者名　『盤谷』	大正7年9月27日附在盤谷帝國領事高橋清一報告	紹介
580 大正 7 年12月19日　929頁 商工業者人名録　『盤谷』	大正7年7月15日附在盤谷帝國領事高橋清一報告	紹介
581 大正 7 年12月23日　936頁 暹羅米商況　『九月』	大正7年11月16日附在盤谷帝國領事高橋清一報告	商業
581 大正 7 年12月23日　950頁 暹羅米作状況　『一九一八年』	大正7年11月9日附在盤谷帝國領事高橋清一報告	農業

1919年（大正8年）

第２４巻
大正 8 年1-3月
（自第583號至第606號）

592 大正 8 年2月10日　電報1-2頁 暹羅に於ける兌換停止	大正8年2月5日發在暹帝國特命全権公使西源四郎電報	電報
598 大正 8 年3 月3 日　637-38頁 暹羅米商況　『大正七年十月』	大正8年1月23日附在盤谷帝國領事高橋清一報告	商業
602 大正 8 年3月17日　834頁 セメント需給状況　『盤谷』	大正8年2月22日附在盤谷帝國領事高橋清一報告	商業
602 大正 8 年3月17日　855-56頁 暹羅に於ける紙幣兌換停止に就て	大正8年2月6日附在暹帝國特命全権公使西源四郎報告	財政及經濟
605 大正 8 年3月27日　964-66頁 暹羅米商況　『大正七年十一月』	大正8年2月10日附在盤谷帝國領事高橋清一報告	商業

第２５巻
大正 8 年4-6月
（自第607號至第633號）

609 大正 8 年4月10日　102-03頁 暹羅米商況　『大正七年十二月』	大正8年3月1日附在盤谷帝國領事高橋清一報告	商業
611 大正 8 年4月17日　220頁 暹羅に於ける銖貨需要激增	大正8年3月4日附在暹帝國特命全権公使西源四郎報告	財政及經濟
611 大正 8 年4月17日　223頁 敵國臣民排斥に關する盤谷國際商業會議所の決議	大正5年3月5日附在暹帝國特命全権公使西源四郎報告	關税及外國諸法規
613 大正 8 年4月24日　電報1頁 盤谷に於ける虎列刺病患者	大正8年4月18日著在盤谷帝國領事高橋清一電報	電報
614 大正 8 年4月28日　342-45頁 暹羅米商況　『一、二月』	大正8年3月17日及同25日附在盤谷帝國領事高橋清一報告	商業
614 大正 8 年4月28日　368頁 暹羅國紙幣發行準備高	大正8年3月24日附在暹帝國特命全権公使西源四郎報告	財政及經濟
614 大正 8 年4月28日　371-72頁 盤谷入港本邦船舶激增及運賃	大正8年3月24日附在盤谷帝國領事高橋清一報告	交通及通信
617 大正 8 年5月8日　電報1頁 盤谷に於ける虎列刺患者死亡數	大正8年4月30日發在暹帝國特命全権公使西源四郎電報	電報
620 大正 8 年5月19日　電報欄 暹羅に於ける官營鐵道線路延長	大正8年5月10日發在暹帝國特命全権公使西源四郎電報	電報
624 大正 8 年6月2日　819-20頁 臺灣銀行盤谷出張所の發展	大正8年4月19日附在暹帝國特命全権公使西源四郎報告	財政及經濟

627 大正 8 年 6 月 9 日　　　887-92頁 盤谷に於ける本邦品需要状況	大正8年5月1日附在盤谷帝國領事高橋清一報告	商業	
627 大正 8 年 6 月 9 日　　　901頁 暹羅獨墺間條約廢棄に關する勅令公布	大正8年5月2日附在暹帝國特命全権公使西源四郎報告	關税及外國諸法規	
632 大正 8 年 6 月 26 日　　　電報1頁 盤谷に於ける米相場	大正8年6月19日著在暹帝國特命全権公使西源四郎電報	電報	
632 大正 8 年 6 月 26 日　　　1090-91頁 暹羅輸入本邦商品の荷造に就て	大正8年5月15日附在盤谷帝國領事高橋清一報告	商業	
633 大正 8 年 6 月 30 日　　　電報欄 盤谷に於ける米相場	大正8年6月25日著在盤谷帝國領事高橋清一電報	電報	

第２６巻
大正 8 年 7-9月
（自第634號至第660號）

635 大正 8 年 7 月 7 日　　　電報1頁 暹羅米相場	大正8年7月1日發在盤谷帝國特命全権公使西源四郎電報	電報	
635 大正 8 年 7 月 7 日　　　85頁 暹羅陸上無線電信所公衆通信取扱開始	大正8年6月10日附在盤谷帝國領事高橋清一報告	交通及通信	
635 大正 8 年 7 月 7 日　　　87-88頁 人力車部分品及自轉車輸入商　『盤谷』	大正8年5月20日附在盤谷帝國領事館報告	紹介	
636 大正 8 年 7 月 10 日　　　98-99頁 暹羅米商況	大正8年6月6日附在盤谷帝國領事高橋清一報告	商業	
636 大正 8 年 7 月 10 日　　　120-21頁 暹羅官設鐵道の佛領カンボヂャ境迄延長	大正8年5月19日附在暹帝國特命全権公使西源四郎報告	交通及通信	
636 大正 8 年 7 月 10 日　　　130頁 本邦品輸入商　『盤谷』	大正8年5月20日附在盤谷帝國領事館報告	紹介	
640 大正 8 年 7 月 24 日　　　244頁 暹羅に於ける薬品輸入状況	大正8年6月25日附在盤谷帝國領事高橋清一報告	商業	
640 大正 8 年 7 月 24 日　　　272頁 薬種輸入商　『盤谷』	大正8年6月25日附在盤谷帝國領事高橋清一報告	紹介	
649 大正 8 年 8 月 25 日　　　594-95頁 暹羅に於ける兌換停止竝金本位制改正	大正8年7月8日附在暹帝國特命全権公使西源四郎報告	財政及經濟	
653 大正8年9月4日　　　716-17頁 暹羅に於ける柔皮製品輸入額	外務省通商局	商業	
655 大正8年9月11日　　　789-90頁 暹羅に於ける刃物及工具需給状況	外務省通商局	商業	
656 大正8年9月15日　　　電報1頁 暹羅に於ける銖貨引上及電信賣買相場改正	大正8年9月5日發在暹帝國特命全権公使西源四郎電報	電報	
656 大正8年9月15日　　　電報2頁 暹羅に於ける船舶檢疫廢止	大正8年9月7日發在暹帝國特命全権公使西源四郎電報	電報	

第２７巻
大正 8 年 10-12月
（自第661號至第686號）

662 大正 8 年 10 月 6 日　　　電報1頁 暹羅國鐵道局の鐵道用軌條竝附属入札	大正8年10月2日發在暹羅帝國特命全権公使西源四郎電報	電報	
663 大正 8 年 10 月 9 日　　　電報1頁 暹羅に於ける新嘉坡來航船舶檢疫施行	大正8年10月2日發在暹帝國特命全権公使西源四郎電報	電報	
671 大正 8 年 11 月 6 日　　　400-01頁 盤谷入港汽船心得	大正8年9月24日附在盤谷帝國領事高橋清一報告	交通及通信	
673 大正 8 年 11 月 13 日　　　465-66頁 暹羅國畿内六州稻作状況　『自七月一五日至同二十一日』	大正8年8月22日附在盤谷帝國領事高橋清一報告	農業	
673 大正 8 年 11 月 13 日　　　472-74頁 暹羅貨銖平準相場引上及其影響	大正8年9月29日附在暹帝國特命全権公使西源四郎報告	財政及經濟	
674 大正 8 年 11 月 17 日　　　電報1頁 盤谷、コラート間鐵道線延長決定	大正8年10月11日發在暹帝國特命全権公使西源四郎電報	電報	
674 大正 8 年 11 月 17 日　　　491-92頁 盤谷に於ける燐酸質肥料需要状況	大正8年10月16日附在盤谷帝國領事高橋清一報告	商業	
675 大正 8 年 11 月 20 日　　　565頁 肥料輸入商　『盤谷』	大正8年10月16日附在盤谷帝國領事高橋清一報告	紹介	

681	大正8年12月8日　　電報1頁	大正8年11月27日發在暹帝國特命全権公使西源四郎電報		電報
	暹羅に於ける電信賣買價格決定			
681	大正8年12月8日　　768-70頁	大正8年10月30日附在盤谷帝國領事高橋清一報告		農業
	暹羅米商況　『九月』			
681	大正8年12月8日　　770-72頁	大正8年10月18日附在盤谷帝國領事高橋清一報告		農業
	暹羅畿内六州稲作状況（自九月十五日至同二十一日）			
682	大正8年12月11日　　846頁	大正8年10月30日附在暹帝國特命全権公使西源四郎報告		財政及經濟
	暹羅貨銖平準相場引上			

1920年（大正9年）

第28巻
大正9年1-3月
（自第687號至第713號）

692	大正9年1月22日　　電報1頁	大正9年1月16日著在暹帝國特命全権公使西源四郎電報		電報
	暹羅國政府の對獨取引禁止解除			
694	大正9年1月29日　　電報1頁	大正9年1月21日著在暹帝國特命全権公使西源四郎電報		電報
	暹羅に於ける補助銀貨品位變更			
695	大正9年2月2日　　367-68頁	大正8年11月21日附在盤谷帝國領事高橋清一報告		農業
	暹羅國畿内六州稲作状況（大正八年自十月十五日至同月二十一日）			
697	大正9年2月9日　　452-54頁	大正8年12月26日附在盤谷帝國領事高橋清一報告		商業
	盤谷莫大小タオル製品需要状況			
697	大正9年2月9日　　489頁	大正8年12月26日附在盤谷帝國領事高橋清一報告		紹介
	莫大小タオル製品取扱商　『盤谷』			
710	大正9年3月22日　　1009-10頁	大正9年1月24日附在盤谷帝國領事高橋清一報告		商業
	暹羅米商況　『大正八年十二月』			
710	大正9年3月22日　　1020-21頁	大正9年2月9日附在盤谷帝國領事高橋清一報告		農業
	暹羅國畿内六州稲作状況（自大正九年自一月一日至同年一月七日）			
712	大正9年3月29日　　1119-20頁	大正9年1月31日附在暹帝國特命全権公使西源四郎報告		財政及經濟
	暹羅政府補助銀貨性合引下及紙幣兑換停止期延長			
712	大正9年3月29日　　1120-21頁	大正9年1月28日附在暹帝國特命全権公使西源四郎報告		關税及外國諸法規
	前敵國人暹羅入國ニ關スル勅令			

第29巻
大正9年4-6月
（自第714號至第740號）

725	大正9年5月10日　　489-512頁	大正9年2月14日附在盤谷帝國領事高橋清一報告		商業
	大正七年度暹羅輸入貿易年報			
736	大正9年6月17日　　1116-20頁	大正9年3月23日附在暹帝國特命全権公使西源四郎報告 大正9年4月20日附在盤谷帝國領事高橋清一報告		財政及經濟
	暹羅國米管理法竝籾及米最高價格官定			

第30巻
大正9年7-9月
（自第741號至第768號）

745	大正9年7月15日　　1384頁	外務省通商局		商業
	米暹貿易關係			
750	大正9年8月2日　　1585-86頁	外務省通商局		商業
	暹羅陶器貿易			
752	大正9年8月9日　　1686-87頁	大正9年5月28日附在盤谷帝國領事高橋清一報告		紹介
	盤谷に於ける本邦品輸入商			

第31巻
大正9年10-12月
（自第769號至第795號）

770	大正9年10月7日　　2276-78頁	大正9年8月10日附在盤谷帝國領事有田八郎報告		農業
	暹羅國畿内六州稲作状況			
771	大正9年10月11日　　2325-26頁	大正9年8月24日附在暹帝國臨時代理公使有田八郎報告		財政及經濟
	暹國貨幣法中改正			
781	大正9年11月11日　　2677-79頁	大正9年10月2日附在盤谷帝國領事有田八郎報告		農業
	暹羅國畿内六州稲作状況			
781	大正9年11月11日　　2688-89頁	大正9年9月20日附在暹帝國臨時代理公使有田八郎報告		財政及經濟
	暹羅紙幣法の一時的修正			

1921年（大正10年）

第３２巻
大正１０年1-3月
（自第796號至第820號）

796	大正10年1月10日　　電報1-2頁	大正9年12月17日及18日發在暹帝國臨時代理公使有田八郎電報		電報
	盤谷に於ける米管理に付て			
800	大正10年1月24日　　180-82頁	大正9年11月27日附在盤谷帝國領事有田八郎報告		商業
	盤谷に於けるセメント状況			
800	大正10年1月24日　　197頁	外務省通商局		交通, 保險,
	暹羅北部に於ける鐵道の延長と商業の發達			倉庫及港灣
800	大正10年1月24日　　207-8頁	大正9年11月27日附在盤谷帝國領事有田八郎報告		紹介
	暹羅セメント取扱商			
804	大正10年2月7日　　336-38頁	大正9年12月18日附在暹帝國臨時代理公使有田八郎報告		關税及條約
	暹羅米輸出管理方に關する規則其他			
805	大正10年2月10日　　電報1頁	大正10年1月31日著在盤谷帝國領事三隅棄藏電報		電報
	暹羅に於ける米管理規則撤癈			
811	大正10年3月3日　　618頁	大正10年1月21日附在暹帝國臨時代理公使三隅棄藏報告		財政及經濟
	暹羅國政府の兌換停止期間延長			
811	大正10年3月3日　　620頁	大正10年1月21日附在暹帝國臨時代理公使三隅棄藏報告		外國法規
	暹羅國紙幣法一時的修正令發布			
819	大正10年3月28日　　963-64頁	大正10年2月3日附在盤谷帝國領事三隅棄藏報告		商業
	盤谷港貿易額　『一月』			
819	大正10年3月28日　　996頁	大正10年2月8日附在暹帝國臨時代理公使三隅棄藏報告		財政及經濟
	暹羅國米管理癈止			

第３３巻
大正１０年4-6月
（自第821號至第847號）

821	大正10年4月4日　　電報2頁	大正10年3月24日著在暹帝國特命全権公使政尾藤吉電報		電報
	暹羅に於ける外國行郵便物料金値上			
822	大正10年4月7日　　53-54頁	大正10年2月5日附在盤谷帝國領事三隅棄藏報告		商業
	暹羅米商況『大正九年十二月』			
826	大正10年4月21日　　273-75頁	大正10年2月22日附在盤谷帝國領事三隅棄藏報告		農業
	暹羅國畿内六州及ピサヌローク州稲作状況　（自大正九年十二月十五日至同二十一日）			
829	大正10年5月2日　　403-4頁	大正10年3月3日附在盤谷帝國領事三隅棄藏報告		商業
	盤谷港貿易状況　『二月』			
829	大正10年5月2日　　429頁	大正10年3月23日著在暹帝國特命全権公使政尾藤吉報告		外國法規
	暹羅國郵便料金改正			
832	大正10年5月12日　　563-64頁	大正10年3月20日附在盤谷帝國領事三隅棄藏報告		商業
	暹羅米商況　『一月』			
838	大正10年6月2日　　868-69頁	大正10年4月11日附在盤谷帝國領事三隅棄藏報告		商業
	盤谷港貿易状況　『三月』			
839	大正10年6月6日　　931-32頁	大正10年4月23日附在盤谷帝國領事三隅棄藏報告		商業
	盤谷に於ける本邦製骨牌状況			
839	大正10年6月6日　　936-38頁	大正10年3月22日附在盤谷帝國領事三隅棄藏報告		農業
	暹羅國畿内六州及ピサヌローク州稲作状況　（自一月十五日至同二十一日）			
839	大正10年6月6日　　955頁	大正10年4月23日附在盤谷帝國領事三隅棄藏報告		紹介
	骨牌輸入商（盤谷）			
846	大正10年6月27日　　1257頁	大正10年4月14日附在盤谷帝國領事三隅棄藏報告		紹介
	巻煙草製造所竝ライス・ペーパー及ブックレート取扱商（盤谷）			

第３４巻
大正１０年7-9月
（自第848號至第875號）

849	大正10年7月7日　　59頁	大正10年5月20日附在盤谷帝國領事三隅棄藏報告		商業
	盤谷港貿易状況　『四月』			
851	大正10年7月14日　　電報1頁	大正10年7月6日發在盤谷帝國領事三隅棄藏電報		電報
	盤谷に於ける米相場			
852	大正10年7月18日　　204頁	大正10年5月16日在盤谷帝國領事三隅棄藏報告		交通
	印度支那航運會社の香港盤谷間定航開始			
853	大正10年7月21日　　243-45頁	大正10年5月20日附在盤谷帝國領事三隅棄藏報告		商業
	暹羅米商況　『二、三月』			
855	大正10年7月26日　　1-37頁	大正10年2月23日附盤谷帝國領事三隅棄藏報告		商業
	大正八年度暹羅國外國貿易年報（臨時増刊）			

55

859 大正10年8月8日 電報1頁 暹羅米相場			大正10年7月20日及27日發在盤谷帝國領事三隅棄藏電報	電報
859 大正10年8月8日 479-80頁 盤谷港貿易狀況 『五月』			大正10年6月6日附在盤谷帝國領事三隅棄藏報告	商業
861 大正10年8月15日 電報1頁 暹羅米相場			大正10年8月3日發在盤谷帝國領事三隅棄藏電報	電報
863 大正10年8月22日 電報1-2頁 暹羅米相場			大正10年8月10日著在盤谷帝國領事三隅棄藏電報	電報
865 大正10年8月29日 801頁 盤谷港貿易狀況 『六月』			大正10年7月9日附在盤谷帝國領事三隅棄藏報告	商業
867 大正10年9月5日 電報1-2頁 暹羅米相場			大正10年8月22及3日發在盤谷帝國領事三隅棄藏電報	電報
867 大正10年9月5日 910-11頁 英國綿製品暹羅國輸入額 『四月』			大正10年7月6日附在盤谷帝國領事三隅棄藏報告	商業
868 大正10年9月8日 電報2頁 暹羅米相場			大正10年9月1日附在盤谷帝國領事三隅棄藏電報	電報
868 大正10年9月8日 956-57頁 暹羅國郵便料金値下			大正10年7月19日在暹帝國特命全権公使政尾藤吉報告	交通及港灣
869 大正10年9月12日 1023-24頁 暹羅に於ける石鹼輸入狀況			外務省通商局	商業
869 大正10年9月12日 1045-46頁 米穀輸出業者（暹羅）			大正10年7月18日附在盤谷帝國領事三隅棄藏報告	紹介
870 大正10年9月15日 電報1頁 暹羅米相場			大正10年9月7日著在盤谷帝國領事三隅棄藏電報	電報
870 大正10年9月15日 1067-70頁 暹羅米商況 『四、五、六月』			大正10年7月18日附在盤谷帝國領事三隅棄藏報告	商業
871 大正10年9月19日 1127-28頁 暹羅國鐵道に付て			大正10年7月16日附在暹帝國特命全権公使政尾藤吉報告	交通及港灣
872 大正10年9月22日 電報1頁 暹羅米相場			大正10年9月14日著在盤谷帝國領事三隅棄藏電報	電報
875 大正10年9月29日 電報2頁 暹羅米相場			大正10年9月21日著在盤谷帝國領事三隅棄藏電報	電報

第３５巻
大正１０年10-12月
（自第876號至第900號）

876 大正10年10月3日 速報4頁 暹羅國鐵道局のボギー貨車入札			大正10年9月7日附在盤谷三隅領事報告	速報
877 大正10年10月6日 電報1頁 暹羅米相場（九月二十七日）			大正10年9月29日著在盤谷帝國領事三隅棄藏電報	電報
877 大正10年10月6日 29-31頁 暹羅國畿内六州及ピサヌローク州稲作狀況 （自六月二十二日至同三十日）			大正10年8月10日附在盤谷帝國領事三隅棄藏報告	農業
879 大正10年10月13日 電報1頁 暹羅米相場（十月四日）			大正10年10月6日著在盤谷帝國領事三隅棄藏電報	電報
879 大正10年10月13日 12-14頁 暹羅米商況 『七月』			大正10年8月29日附在盤谷帝國領事三隅棄藏報告	商業
880 大正10年10月18日 18-24頁 自一九一九年至一九二一年暹羅國米管理要領			大正10年7月19日附在暹帝國特命全権公使政尾藤吉報告	經濟
881 大正10年10月20日 電報2頁 暹羅米相場（十月十一日）			大正10年10月12日著在盤谷帝國臨時代理公使三隅棄藏電報	電報
881 大正10年10月20日 速報3頁 暹羅國鐵道局の客車貨車用車輪及車軸入札			大正10年9月19日附在盤谷三隅領事報告	速報
882 大正10年10月24日 21-22頁 暹羅國貿易額 『八月』			外務省通商局	商業
883 大正10年10月27日 電報1-2頁 暹羅米相場（十月十八日）			大正10年10月20日著在盤谷帝國領事三隅棄藏電報	電報
885 大正10年11月3日 電報2頁 暹羅米相場			大正10年10月26日著在盤谷帝國領事三隅棄藏電報	電報
887 大正10年11月10日 電報2頁 暹羅米相場（十一月一日）			大正10年11月2日著在盤谷帝國領事三隅棄藏電報	電報

888 大正10年11月14日　　44頁 菓子取扱商（盤谷）	大正10年9月10日附在盤谷帝國領事三隅棄藏報告	紹介
889 大正10年11月17日　電報2頁 暹羅米相場（十一月八日）	大正10年11月9日著在盤谷帝國領事三隅棄藏電報	電報
889 大正10年11月17日　電報2頁 暹羅に於ける稲作狀況	大正10年11月11日著在盤谷帝國臨時代理公使三隅棄藏電報	電報
890 大正10年11月21日　19-21頁 盤谷港貿易狀況　『七、八、九月』	大正10年10月4日附在盤谷帝國領事三隅棄藏報告	商業
890 大正10年11月21日　29-31頁 暹羅國畿内六州及ピサヌローク州稲作狀況　（自八月十五日至同二十一日）	大正10年10月3日附在盤谷帝國領事三隅棄藏報告	農業
891 大正10年11月24日　電報1頁 暹羅米相場　『十一月十五日』	大正10年11月16日著在盤谷帝國領事三隅棄藏電報	電報
891 大正10年11月24日　40頁 一銖半切紙幣に關する暹羅國大藏省告示	大正10年10月3日附在帝國暹臨時代理公使三隅棄藏報告	財政及經濟
892 大正10年11月28日　電報2頁 暹羅米商況（十一月二十二日）	大正10年11月23日著在盤谷帝國領事三隅棄藏電報	電報
892 大正10年11月28日　23頁 除蟲粉竝蚊取線香需要狀況　『盤谷』	大正10年8月18日附在盤谷帝國領事三隅棄藏報告	商業
892 大正10年11月28日　50頁 除蟲粉竝蚊取線香取扱商（盤谷）	大正10年8月18日附在盤谷帝國領事三隅棄藏報告	紹介
894 大正10年12月5日　速報6-7頁 暹國製紙原料	大正10年10月29日附在盤谷三隅領事報告	速報
894 大正10年12月5日　速報7-8頁 盤谷貿易狀況　『十月』	大正10年11月5日附在盤谷三隅領事報告	速報
895 大正10年12月8日　電報1-2頁 暹羅米相場（十一月二十九日）	大正10年11月30日著在盤谷帝國領事三隅棄藏報告	電報
895 大正10年12月8日　速報6-7頁 盤谷に於ける織布會社設立	大正10年11月3日附在盤谷三隅領事報告	速報
896 大正10年12月12日　9-11頁 暹羅米商況　『九月』	大正10年11月5日附在盤谷帝國領事三隅棄藏報告	商業
897 大正10年12月15日　電報2頁 暹羅米相場（十二月六日）	大正10年12月7日着盤谷帝國領事三隅棄藏電報	電報
898 大正10年12月19日　電報4頁 暹羅米相場（十二月十三日）	大正10年12月15日著在盤谷帝國領事三隅棄藏電報	電報
898 大正10年12月19日　30-33頁 暹羅國畿内六州及ピサヌローク州稲作狀況　（自九月八日至同十四日）	大正10年10月25日附在盤谷帝國領事三隅棄藏報告	農業

1922年（大正11年）

第３６巻
大正１１年1-3月
（自第901號至第927號）

902 大正11年1月9日　　電報1頁 暹羅米相場（十二月二十日）	大正10年12月21日著在盤谷帝國領事三隅棄藏電報	電報
902 大正11年1月9日　　電報9頁 暹羅米相場（一月三日）	大正11年1月4日著在盤谷帝國領事三隅棄藏電報	電報
902 大正11年1月9日　　電報10頁 暹羅國政府の公債募集	大正10年12月29日著在暹帝國臨時代理公使三隅棄藏電報	電報
905 大正11年1月19日　電報1頁 暹羅米相場（一月十日）	大正11年1月11日著在盤谷帝國領事三隅棄藏電報	電報
905 大正11年1月19日　15-17頁 盤谷港貿易狀況　『十一月』	大正10年12月5日附在盤谷帝國領事三隅棄藏報告	商業
906 大正11年1月23日　電報5頁 暹羅米相場（一月十七日）	大正11年1月18日著在盤谷帝國領事三隅棄藏電報	電報
908 大正11年1月30日　電報2頁 暹羅米相場（一月二十四日）	大正11年1月25日著在盤谷帝國領事三隅棄藏電報	電報
909 大正11年1月31日　30－87頁 暹羅米事情	大正10年9月21日附在盤谷帝國領事三隅棄藏報告	商業
910 大正11年2月2日　　41-43頁 暹羅國紙幣發行準備高竝為替關係	大正10年12月7日附在暹帝國臨時代理公使三隅棄藏報告	財政及經濟

57

911 大正11年2月6日　　9-11頁 暹羅米商況　『十月』	大正10年12月5日附在盤谷帝國領事三隅棄藏報告			商業
911 大正11年2月6日　　29-30頁 暹羅金貨法改正	大正10年12月10日附在暹帝國臨時代理公使三隅棄藏報告			財政及經濟
912 大正11年2月9日　　電報1頁 暹羅米相場（一月三十一日）	大正11年2月1日著在盤谷帝國領事三隅棄藏電報			電報
913 大正11年2月13日　　16-18頁 盤谷貿易狀況　『十二月』	大正11年1月10日附在盤谷帝國領事三隅棄藏報告			商業
915 大正11年2月20日　　電報4頁 暹羅米相場（二月七日）	大正11年2月9日著在盤谷帝國領事三隅棄藏報告			電報
916 大正11年2月23日　　電報1頁 暹羅米相場（二月十四日）	大正11年2月15日著在盤谷帝國領事三隅棄藏報告			電報
916 大正11年2月23日　　5-6頁 暹羅米商況　『十一月』	大正11年1月7日附在盤谷帝國領事三隅棄藏報告			商業
916 大正11年2月23日　　26-27頁 暹羅汽船會社の経營委任	大正11年1月7日附在暹帝國臨時代理公使三隅棄藏報告			交通
918 大正11年3月2日　　電報2頁 暹羅米相場（二月二十一日）	大正11年2月22日著在盤谷帝國領事三隅棄藏電報			電報
919 大正11年3月6日　　電報2頁 暹羅米相場（二月二十八日）	大正11年3月2日著在盤谷帝國領事三隅棄藏電報			電報
922 大正11年3月16日　　電報2頁 暹羅米相場（三月七日）	大正11年3月9日著在盤谷帝國領事三隅棄藏電報			電報
924 大正11年3月23日　　電報2頁 暹羅米相場『三月十四日』	大正11年3月15日發在盤谷帝國領事三隅棄藏電報			電報
925 大正11年3月25日　　81-153頁 大正九年暹羅國貿易年報　（臨時增刊）	大正11年1月18日附在盤谷帝國領事三隅棄藏報告			商業
926 大正11年3月27日　　電報3頁 暹羅米相場『三月二十一日』	大正11年3月22日著在盤谷帝國領事三隅棄藏電報			電報
927 大正11年3月30日　　電報4-5頁 盤谷貿易概況　『二月』	大正11年3月3日附在盤谷帝國領事三隅棄藏報告			速報
927 大正11年3月30日　　速報10頁 暹羅國鐵道局車輛軌條等の入札	外務省通商局			速報

第３７巻
大正１１年4-6月
（自第928號至第955號）

929 大正11年4月6日　　電報2頁 暹羅米相場（三月二十八日）	大正11年3月30日著在盤谷帝國領事三隅棄藏電報			電報
929 大正11年4月6日　　1-2頁 大正十年暹羅國貿易概況	大正11年2月6日附在盤谷帝國領事三隅棄藏報告			商業
929 大正11年4月6日　　17-18頁 暹羅米市況　『一月』	大正11年2月25日附在盤谷帝國領事三隅棄藏報告			商業
929 大正11年4月6日　　18頁 盤谷貿易概況　『一月』	大正11年2月4日附在盤谷帝國領事三隅棄藏報告			商業
930 大正11年4月10日　　電報3-4頁 暹羅米相場（四月四日）	大正11年4月6日著在盤谷帝國領事三隅棄藏電報			電報
933 大正11年4月20日　　26-30頁 暹羅に於ける鑛業	大正11年2月14日附在盤谷帝國領事三隅棄藏報告			鑛業
934 大正11年4月24日　　電報1頁 英國軍艦の測量	大正11年4月14日發在暹帝國臨時代理公使三隅棄藏電報			電報
934 大正11年4月24日　　電報1頁 暹羅米相場『四月十一日』	大正11年4月15日著在盤谷帝國領事三隅棄藏電報			電報
935 大正11年4月27日　　電報1頁 暹羅米相場『四月十八日』	大正11年4月19日著在盤谷帝國領事三隅棄藏電報			電報
937 大正11年5月4日　　速6頁 暹羅國鐵道局の機關車其他入札方に付て	外務省通商局			速報
938 大正11年5月8日　　9-10頁 暹羅米取引狀況竝商況　『二月』	大正11年3月27日附在盤谷帝國領事三隅棄藏報告			商業
940 大正11年5月11日　　電報1頁 暹羅米相場（四月二十五日）	大正11年4月27日著在盤谷帝國領事三隅棄藏電報			電報
940 大正11年5月11日　　電報1頁 暹羅米相場（五月二日）	大正11年5月4日著在盤谷帝國領事三隅棄藏電報			電報

941	大正11年5月15日　　電報2頁 暹羅米相場（五月九日）	大正11年5月11日著在盤谷帝國領事三隅棄藏電報		電報
941	大正11年5月15日　　速報3-4頁 盤谷貿易月報（三月）	大正11年4月6日附在盤谷三隅領事報告		速報
942	大正11年5月18日　　電報1頁 香港發船舶に對する盤谷港檢疫施行	大正11年5月8日發在盤谷帝國領事三隅棄藏電報		電報
942	大正11年5月18日　　速報8頁 暹羅國鐵道局の鐵橋工事用材料入札	外務省通商局		速報
943	大正11年5月22日　　電報4頁 暹羅米相場（五月十六日）	大正11年5月17日著在盤谷帝國領事三隅棄藏電報		電報
945	大正11年5月29日　　電報4頁 暹羅米相場（五月二十三日）	大正11年5月24日著在盤谷帝國領事三隅棄藏電報		電報
947	大正11年6月5日　　電報3頁 暹羅米相場（五月三十日）	大正11年6月1日著在暹帝國特命全権臨時代理公使三隅棄藏電報		電報
951	大正11年6月15日　　電報4頁 暹羅米相場（六月六日）	大正11年6月8日著在盤谷帝國領事三隅棄藏電報		電報
951	大正11年6月15日　　22-23頁 盤谷貿易概況　『四月』	大正11年5月4日附在盤谷帝國領事三隅棄藏報告		商業
951	大正11年6月15日　　28-29頁 暹羅米商況　『三月』	大正11年5月4日附在盤谷帝國領事三隅棄藏報告		商業
951	大正11年6月15日　　32頁 暹羅國に於ける對日英米貿易總額	大正11年5月5日附在盤谷帝國領事三隅棄藏報告		商業
953	大正11年6月22日　　電報1頁 暹羅米相場（六月十三日）	大正11年6月14日著在盤谷帝國領事三隅棄藏電報		電報
955	大正11年6月29日　　電報1頁 暹羅米相場（六月二十日）	大正11年6月21日著在盤谷帝國領事三隅棄藏電報		電報

第38巻
大正11年7-9月
（自第956號至第985號）

956	大正11年7月3日　　電報2-3頁 暹羅米相場（六月二十七日）	大正11年6月20日著在盤谷帝國領事三隅棄藏電報		電報
956	大正11年7月3日　　11頁 暹羅米商況　『四月』	大正11年5月30日附在盤谷帝國領事三隅棄藏報告		商業
956	大正11年7月3日　　25頁 盤谷港貿易概況　『五月』	大正11年6月3日附在盤谷帝國領事三隅棄藏報告		商業
956	大正11年7月3日　　35-38頁 暹羅國に於ける椰子樹栽培	大正11年5月25日附在盤谷帝國領事三隅棄藏報告		農業
957	大正11年7月6日　　45頁 盤谷に於ける人口統計	大正11年6月1日附在盤谷帝國領事三隅棄藏報告		移民，労働，社會
960	大正11年7月13日　　電報3頁 暹羅米相場（七月四日）	大正11年7月6日著在盤谷帝國領事三隅棄藏電報		電報
960	大正11年7月13日　　29-30頁 暹羅に於ける移民法制定竝支那苦力移民状況	大正11年5月16日附在盤谷帝國領事三隅棄藏報告		移民，労働，社會
962	大正11年7月20日　　電報3頁 暹羅米相場（七月十一日）	大正11年7月13日著在盤谷帝國領事三隅棄藏電報		電報
964	大正11年7月27日　　電報1頁 暹羅米相場（七月十八日）	大正11年7月20日著在盤谷帝國領事三隅棄藏電報		電報
966	大正11年8月3日　　電報2頁 暹羅米相場（七月二十五日）	大正11年7月27日著在盤谷帝國領事三隅棄藏電報		電報
967	大正11年8月5日　　臨増（100-11頁） 暹羅に於ける製糖業（臨時増刊）	大正11年2月12日附在盤谷帝國領事三隅棄藏報告		商業
969	大正11年8月10日　　電報2頁 暹羅米相場（八月一日）	大正11年8月3日著在盤谷帝國領事三隅棄藏電報		電報
969	大正11年8月10日　　11頁 盤谷港貿易概況　『六月』	大正11年7月5日附在盤谷帝國領事三隅棄藏報告		商業
970	大正11年8月14日　　電報7頁 暹羅國に於ける香港經由船舶檢疫撤癈	大正11年8月5日著在盤谷帝國領事三隅棄藏電報		電報
970	大正11年8月14日　　12-13頁 暹羅米商況　『五月』	大正11年7月5日附在盤谷帝國領事三隅棄藏報告		商業

971	大正11年8月17日　　電報2頁	大正11年8月10日著在盤谷帝國領事三隅棄蔵電報	電報
	暹羅米相場（八月八日）		
972	大正11年8月21日　　電報5頁	大正11年8月17日著在盤谷帝國領事三隅棄蔵電報	電報
	暹羅米相場（八月十五日）		
974	大正11年8月28日　　電報6頁	大正11年8月22日著在盤谷帝國領事三隅棄蔵電報	電報
	暹羅の稲植付状況		
975	大正11年9月1日　　　電報2頁	大正11年8月23日著在盤谷帝國領事三隅棄蔵電報	電報
	暹羅米相場（八月二十二日）		
978	大正11年9月7日　　　電報2頁	大正11年8月31日著在盤谷帝國領事三隅棄蔵電報	電報
	暹羅米相場（八月二十九日）		
978	大正11年9月7日　　　3-4頁	大正11年5月17日附在盤谷帝國總領事今井忍郎報告	商業
	印度に於ける燐寸輸入状況		
979	大正11年9月11日　　24-25頁	大正11年7月31日著在盤谷帝國領事三隅棄蔵電報	商業
	暹羅米商況　『六月』		
980	大正11年9月14日　　電報1頁	大正11年9月7日著在盤谷帝國領事三隅棄蔵電報	電報
	暹羅米相場（九月五日）		
980	大正11年9月14日　　24-25頁	大正11年8月3日附在盤谷帝國領事三隅棄蔵報告	商業
	盤谷港貿易概況　『七月』		
981	大正11年9月18日　　電報4頁	大正11年9月13日著在盤谷帝國領事三隅棄蔵電報	電報
	暹羅米相場（九月十二日）		
982	大正11年9月21日　　48頁	大正11年7月8日附在盤谷帝國領事三隅棄蔵報告	紹介
	硝子器取扱商　（盤谷）		
985	大正11年9月28日　　電報3頁	大正11年9月20日著在盤谷帝國領事三隅棄蔵電報	電報
	暹羅米相場　（九月十九日）		
985	大正11年9月28日　　21頁	大正11年8月18日附在盤谷帝國領事三隅棄蔵報告	商業
	暹羅米商勢不振		

第３９巻
大正１１年10-12月
（自第986號至第1015號）

987	大正11年10月5日　　電報１頁	大正11年9月27日著在盤谷帝國領事三隅棄蔵電報	電報
	暹羅米相場（九月二十六日）		
987	大正11年10月5日　　38-39頁	外務省通商局	雑報
	暹羅輸入額　『六月』		
988	大正11年10月9日　　電報4頁	大正11年10月5日著在盤谷帝國領事三隅棄蔵電報	電報
	暹羅米相場（十月三日）		
988	大正11年10月9日　　速報5頁	大正11年8月24日附在盤谷帝國領事三隅棄蔵報告	速報
	暹羅稲作状況		
989	大正11年10月11日　　17-19頁	大正10年2月22日附盤谷帝國領事三隅棄蔵報告	商業
	海外に於けるセメント需給状況	（暹羅）（臨時増刊）	
990	大正11年10月12日　　速報6頁	外務省通商局	速報
	暹羅國鐵道局の貯蔵品購買入札		
991	大正11年10月16日　　電報6頁	大正11年10月11日著在盤谷帝國領事三隅棄蔵電報	電報
	暹羅米相場（十月十日）		
991	大正11年10月16日　　35頁	大正11年8月31日附在暹帝國特命全権公使矢田長之助報告	關税
	暹羅に於ける楮輸出税		
993	大正11年10月23日　　7頁	大正11年9月7日附在盤谷帝國領事三隅棄蔵報告	商業
	盤谷港貿易概況　『八月』		
993	大正11年10月23日　　9頁	大正11年9月11日附在盤谷帝國領事三隅棄蔵報告	商業
	暹羅米商況　『七月』		
993	大正11年10月23日　　14-17頁	大正11年9月11日附在盤谷帝國領事三隅棄蔵報告	工業
	暹羅に於ける油種子生産		
994	大正11年10月26日　　電報1頁	大正11年10月19日著在盤谷帝國領事三隅棄蔵電報	電報
	暹羅米相場（十月十七日）		
994	大正11年10月26日　　21-22頁	大正11年8月31日9月9日及9月19日附在盤谷帝國領事三隅棄蔵報告	農業
	暹羅に於ける稲作柄状況（自七月十五日至八月七日）		
995	大正11年10月30日　　42頁	大正11年9月11日附在盤谷帝國領事三隅棄蔵報告	交通及港灣
	暹羅に於ける自動車數		
996	大正11年11月2日　　　電報3頁	大正11年10月26日著在盤谷帝國領事三隅棄蔵電報	電報
	暹羅米相場（十月二十四日）		

997 大正11年11月6日　　31-32頁　　　　大正11年9月26日附在盤谷帝國領事三隅棄蔵報告　　　　　農業
　　暹羅に於ける養蠶業

999 大正11年11月9日　　速報5頁　　　　大正11年9月30日附在盤谷帝國領事三隅棄蔵報告　　　　　速報
　　暹羅國稲作状況　（自八月八日到同十四日）

1001 大正11年11月16日　　24-25頁　　　　大正11年10月9日附在盤谷帝國領事三隅棄蔵報告　　　　　商業
　　盤谷貿易概況　『九月』

1002 大正11年11月20日　　19-23頁　　　　大正11年10月2日附在盤谷帝國領事三隅棄蔵報告　　　　　工業
　　暹羅に於ける糖業状況

1006 大正11年11月30日　　速報7頁　　　　大正11年11月1日附在盤谷三隅領事報告　　　　　　　　　　速報
　　暹羅米相場

1011 大正11年12月14日　　速報9頁　　　　大正11年11月8日附在盤谷三隅領事報告　　　　　　　　　　速報
　　暹羅米相場

1013 大正11年12月21日　　15-16頁　　　　大正11年11月3日附在盤谷帝國領事三隅棄蔵報告　　　　　商業
　　盤谷港貿易概況　『十月』

1014 大正11年12月25日　　速報5-6頁　　　大正11年11月6日附在盤谷三隅領事報告　　　　　　　　　　速報
　　暹羅米商況（自七月至九月）　『第二期』

1923年（大正12年）

第４０巻
大正１２年1-3月
（自第1016號至第1041號）

1016 大正12年1月4日　　　37-38頁　　　　大正11年10月30日附在盤谷帝國領事三隅棄蔵報告　　　　外國法規
　　暹羅に於ける商標及商號法

1019 大正12年1月15日　　　16頁　　　　　大正11年11月15日及21日附在盤谷帝國領事松宮順報告　　商業
　　暹羅米相場

1020 大正12年1月18日　　　電報2頁　　　　大正12年1月5日著在暹帝國特命全権公使矢田長之助電報　電報
　　暹羅に於けるミントパー賣買建値

1021 大正12年1月22日　　　速報14頁　　　大正11年12月6日及13日附在盤谷松宮領事報告　　　　　　速報
　　暹羅米相場

1022 大正12年1月25日　　　19頁　　　　　大正11年12月4日附在盤谷帝國領事松宮順報告　　　　　　商業
　　盤谷港貿易概況　『十一月』

1029 大正12年2月15日　　　17頁　　　　　大正12年1月9日附在盤谷帝國領事松宮順報告　　　　　　　商業
　　暹羅米相場

1030 大正12年2月19日　　　40-43頁　　　　大正11年11月29日附在暹帝國特命全権公使矢田長之助報告　産業機關
　　暹羅に於ける信用組合制度

1037 大正12年3月15日　　　電報3頁　　　　大正12年3月6日著在暹帝國特命全権公使矢田長之助電報　電報
　　黒死病猖獗（盤谷）

1037 大正12年3月15日　　　39-41頁　　　　大正12年1月22日附在暹帝國特命全権公使矢田長之助報告　財政及經濟
　　暹貨公定相場變更事情

1038 大正12年3月19日　　　42頁　　　　　大正11年12月7日附在盤谷帝國領事松宮順報告　　　　　　雑録
　　暹羅米相場解説

1040 大正12年3月26日　　　13頁　　　　　大正12年2月13日附在盤谷帝國領事松宮順報告　　　　　　商業
　　米相場　『盤谷』

1040 大正12年3月26日　　　20-21頁　　　　大正12年2月17日附在盤谷帝國領事松宮順報告　　　　　　商業
　　リンネル需要状況　『盤谷』

1040 大正12年3月26日　　　43-44頁　　　　大正12年2月17日附在盤谷帝國領事松宮順報告　　　　　　紹介
　　リンネル取扱商（盤谷）

　　米相場（暹羅）（一月三十日）（12年1月31日）
　　盤谷港貿易概況（一月）（12年2月6日）
　　米相場（暹羅）（二月五日）（12年2月6日）
　　暹羅國畿内六州及ピサヌローク州稲作週報
　　　（自十二月十五日至同二十一日）（12年2月6日）
　　暹羅國畿内六州及ピサヌローク州稲作週報
　　　（自十二月二十二日至同三十一日）（12年2月12日）
　　盤谷港貿易概況（二月）（12年3月6日）
　　米商況（暹羅）（一月中）（12年3月8日）

第41巻
大正12年4-6月
（自第1042號至第1070號）

1042 大正12年4月2日　　11頁 清涼飲料状況『盤谷』		大正12年2月12日附在盤谷帝國領事松宮順報告		商品市況
1043 大正12年4月5日　　11頁 米相場『盤谷』		大正12年2月21日附在盤谷帝國領事松宮順報告		商品市況
1046 大正12年4月12日　　13頁 米相場『盤谷』		大正12年3月7日附在盤谷帝國領事松宮順報告		商品市況
1048 大正12年4月19日　　11頁 タオル需給状況『暹羅』		大正12年3月14日附在盤谷帝國領事松宮順報告		商品市況
1048 大正12年4月19日　　17-18頁 タオル需給状況『暹羅』		大正12年3月16日附在暹帝國特命全権公使矢田長之助報告		商品市況
1048 大正12年4月19日　　49頁 タオル取扱商（盤谷）		大正12年3月16日附在暹帝國特命全権公使矢田長之助報告		紹介
1050 大正12年4月26日　　13頁 米相場『盤谷』		大正12年3月21日附在盤谷帝國領事松宮順報告		商品市況
1056 大正12年5月14日　　8頁 米相場『盤谷』		大正12年4月4日附在盤谷帝國領事松宮順報告		商品市況
1059 大正12年5月24日　　13頁 米相場『盤谷』		大正12年4月18日附在盤谷帝國領事松宮順報告		商品市況
1062 大正12年6月4日　　8頁 米相場『盤谷』		大正12年5月2日附在盤谷帝國領事松宮順報告		商品市況
1068 大正12年6月21日　　4頁 米相場『盤谷』		大正12年5月16日附在盤谷帝國領事松宮順報告		商品市況
1070 大正12年6月28日　　14頁 米相場　　『盤谷』		大正12年5月23日附在盤谷帝國領事松宮順報告		商品市況

　　　　盤谷市況『二月』（12年3月21日）
　　　　暹羅米相場（三月二十七日）（12年3月28日）
　　　　盤谷港貿易概況　（12年4月5日）
　　　　暹米相場　（12年4月11日）
　　　　三月中盤谷市況月報　（12年4月23日）
　　　　大正十二年二月中暹米市況　（12年4月24日）
　　　　大正十二年四月中盤谷港貿易概況　（12年5月3日）
　　　　四月中盤谷市況月報　（12年5月17日）
　　　　暹米商況（三月）（12年5月24日）
　　　　三月中暹米輸出統計　（12年5月25日）

第42巻
大正12年7-9月
（自第1071號至第1093號）

1073 大正12年7月5日　　19頁 米相場　　『盤谷』		大正12年5月30日附在盤谷帝國領事松宮順報告		商品市況
1075 大正12年7月12日　　2頁 盤谷港貿易概況　　『五月』		大正12年6月5日附在盤谷帝國領事松宮順報告		貿易一般
1076 大正12年7月16日　　5頁 米相場　　『盤谷』		大正12年6月6日附在盤谷帝國領事松宮順報告		商品市況
1077 大正12年7月19日　　7頁 米相場　　『盤谷』		大正12年6月13日附在盤谷帝國領事松宮順報告		商品市況
1079 大正12年7月26日　　19頁 米相場　　『盤谷』		大正12年6月20日附在盤谷帝國領事松宮順報告		商品市況
1079 大正12年7月26日　　19頁 米輸出状況　『暹羅』　（四月）		大正12年6月18日附在盤谷帝國領事松宮順報告		商品市況
1079 大正12年7月26日　　頁外 暹羅鐵道局鐵道橋梁上部分品購入々札		外務省通商局		欄外
1080 大正12年7月31日　　16頁 米相場　　『盤谷』		大正12年6月27日附在盤谷帝國領事松宮順報告		商品市況
1083 大正12年8月9日　　15頁 米相場　　『盤谷』		大正12年7月4日附在盤谷帝國領事松宮順報告		商品市況
1088 大正12年8月27日　　3-4頁 盤谷港貿易概況　『六月』		大正12年7月14日附在盤谷帝國領事松宮順報告		貿易一般

　　　　盤谷港貿易年報（佛暦二四六四年度）12年4月30日
　　　　暹羅米商況（五月）　12年7月14日
　　　　暹羅米商況（七月十日）12年7月11日
　　　　暹羅米商況（七月二十四日）12年7月25日

第４３巻
大正１２年10-12月
（自第1094號至第1120號）

1094 大正12年10月1日　　6頁 盤谷港貿易概況　（七月）		大正12年8月4日附在盤谷帝國領事松宮順報告	貿易一般
1094 大正12年10月1日　　20-27頁 乳製品状況（暹羅）		大正12年7月30日附在盤谷帝國領事松宮順報告	商品市況
1097 大正12年10月11日　　13-14頁 米収穫高（暹國）（自一九二二年四月至一九二三年三月）		大正12年8月29日附在盤谷帝國領事松宮順報告	商品市況
1098 大正12年10月15日　　10頁 米相場(盤谷)		大正12年8月29日附在盤谷帝國領事松宮順報告	商品市況
1099 大正12年10月18日　　6頁 米相場(盤谷)		大正12年8月15日附在盤谷帝國領事松宮順報告	商品市況
1100 大正12年10月22日　　12頁 米相場(盤谷)		大正12年8月22日附在盤谷帝國領事松宮順報告	商品市況
1100 大正12年10月22日　　13頁 稲作状況（暹羅）		大正12年8月24日附在盤谷帝國領事松宮順報告	商品市況
1101 大正12年10月25日　　21頁 米相場(盤谷)		大正12年9月4日附在盤谷帝國領事松宮順報告	商品市況
1102 大正12年10月29日　　13頁 米相場(盤谷)		大正12年9月19日附在盤谷帝國領事松宮順報告	商品市況
1105 大正12年11月8日　　24-25頁 米輸出状況（盤谷）『七月』		大正12年9月24日附在盤谷帝國領事松宮順報告	商品市況
1106 大正12年11月12日　　19-20頁 盤谷港貿易概況(九月)		大正12年10月4日附在盤谷帝國領事松宮順報告	貿易一般
1106 大正12年11月12日　　21頁 米相場(盤谷)		大正12年10月3日附在盤谷帝國領事松宮順報告	商品市況
1107 大正12年11月15日　　20-21頁 米相場(盤谷)		大正12年10月10日附在盤谷帝國領事松宮順報告	商品市況
1111 大正12年11月29日　　5頁 米相場(盤谷)		大正12年10月17日附在盤谷帝國領事松宮順報告	商品市況
1112 大正12年12月3日　　9頁 米商況（暹羅）『八月』		大正12年10月19日附在盤谷帝國領事松宮順報告	商品市況
1112 大正12年12月3日　　10頁 米作状況（暹羅）（自九月八日至同十四日）		大正12年10月19日附在盤谷帝國領事松宮順報告	商品市況
1113 大正12年12月6日　　5頁 米相場(盤谷)		大正12年10月24日附在盤谷帝國領事松宮順報告	商品市況
1114 大正12年12月10日　　9頁 米相場(盤谷)		大正12年10月30日附在盤谷帝國領事松宮順報告	商品市況
1117 大正12年12月17日　　4-5頁 盤谷貿易概況(十月)		大正12年11月5日附在盤谷帝國領事松宮順報告	貿易一般
1117 大正12年12月17日　　6頁 米相場(盤谷)		大正12年11月7日附在盤谷帝國領事松宮順報告	商品市況

盤谷市況（七月）　12年8月17日
米商況（六月）　12年8月20日
貿易概況（八月）　12年9月5日
米商況（九月）　12年11月25日

1924年（大正13年）

第４４巻
大正１３年1-3月
（自第1121號至第1147號）

1122 大正13年1月10日　　27頁 米相場　（盤谷）		大正12年11月21日附在盤谷帝國領事松宮順報告	商品市況
1123 大正13年1月14日　　7頁 米相場　（盤谷）		大正12年11月27日附在盤谷帝國領事松宮順報告	商品市況
1125 大正13年1月21日　　3-4頁 盤谷港貿易概況　（十一月）		大正12年12月4日附在盤谷帝國領事松宮順報告	貿易一般
1125 大正13年1月21日　　6頁 米相場　（盤谷）		大正12年12月12日附在盤谷帝國領事松宮順報告	商品市況
1128 大正13年1月31日　　9頁 米相場　（盤谷）		大正12年12月20日附在盤谷帝國領事松宮順報告	商品市況

1130	大正13年2月7日 米相場　（盤谷）	6頁	大正12年12月27日附在盤谷帝國領事松宮順報告	商品市況
1131	大正13年2月12日 米相場　（盤谷）	11頁	大正13年1月3日附在盤谷帝國領事松宮順報告	商品市況
1132	大正13年2月14日 米相場　（盤谷）	24頁	大正13年1月9日附在盤谷帝國領事松宮順報告	商品市況
1134	大正13年2月21日 米相場　（盤谷）	電報2-3頁	大正13年2月13日發同14日著在暹矢田特命全権公使電報	電報
1135	大正13年2月25日 米相場　（盤谷）	18頁	大正13年1月16日附在盤谷帝國領事松宮順報告	商品市況
1137	大正13年2月28日 外米相場　盤谷　二月二十日米相場	電報1頁	大正13年2月21日著在暹矢田特命全権公使電報	電報
1139	大正13年3月6日 外米相場　盤谷	電報1頁	大正13年2月27日著在暹矢田特命全権公使電報	電報
1141	大正13年3月13日 外米相場　盤谷	電報1頁	大正13年3月5日著在暹矢田特命全権公使電報	電報
1141	大正13年3月13日 米市況　（盤谷） 『十一月』	6頁	大正13年1月20日附在盤谷帝國領事松宮順報告	商品市況
1141	大正13年3月13日 盤谷出入船舶状況（一月）	32頁	大正13年2月5日附在盤谷帝國領事松宮順報告	交通，保險，倉庫 及港灣
1142	大正13年3月17日 外米相場　盤谷	14頁	大正13年1月23日附在盤谷帝國領事松宮順報告	商品市況
1143	大正13年3月20日 外米相場　盤谷	電報1頁	大正13年3月12日著在暹矢田特命全権公使電報	電報
1145	大正13年3月27日 外米相場　盤谷	電報1頁	大正13年3月19日著在暹矢田特命全権公使電報	電報
1145	大正13年3月27日 日暹貿易状況（自大正十一年四月至同十二年三月）	5-7頁	大正12年12月20日著在暹帝國特命全権公使矢田長之助報告	貿易一般

　　米相場（盤谷）　　12年12月5日
　　盤谷市況（十一月）　12年12月17日
　　暹羅米輸出統計　　12年12月19日
　　暹國畿内六州及ピサヌローク州稲作状況　　12年12月19日
　　（自十一月八日至同十四日）
　　貿易概況（盤谷）（十二月）　　13年1月5日
　　盤谷市況（一月）　　13年2月19日

第45巻
大正13年4-6月
（自第1148號至第1175號）

1148	大正13年4月4日 外米相場　盤谷	電報1頁	大正13年3月26日著在暹矢田特命全権公使電報	電報
1150	大正13年4月10日 外米相場　盤谷	電報1頁	大正13年4月2日著在暹矢田特命全権公使電報	電報
1152	大正13年4月17日 外米相場　盤谷	電報2頁	大正13年4月9日著在暹矢田特命全権公使電報	電報
1152	大正13年4月17日 盤谷貿易概況（二月）	15-16頁	大正13年3月5日附在盤谷帝國領事松宮順報告	貿易一般
1152	大正13年4月17日 米商況　（盤谷） 『十二月』	23-24頁	大正13年2月26日附在盤谷帝國領事松宮順報告	商品市況
1154	大正13年4月24日 外米相場　盤谷	電報3頁	大正13年4月17日著在暹矢田特命全権公使電報	電報
1154	大正13年4月24日 暹羅海運状況	19-28頁	大正13年3月11日附在盤谷帝國領事松宮順報告	交通，保險，倉庫 及港灣
1157	大正13年5月5日 盤谷貿易状況（三月）	4-5頁	大正13年4月3日附在盤谷帝國領事松宮順報告	貿易一般
1161	大正13年5月19日 日暹通商航海條約	42-43頁	外務省通商局	關税及條約
1166	大正13年6月2日 暹羅に於ける有望事業	附録1-18頁	大正13年4月4日附在盤谷帝國領事松宮順報告	附録
1169	大正13年6月12日 暹羅に於ける商標制度	32-43頁	大正13年4月22日附在暹帝國特命全権公使矢田長之助報告	外國法規

1174 大正13年6月28日　　97-143頁 暹羅貿易年報（佛暦二四六五年）	大正13年4月17日附在盤谷帝國領事館事務代理外務書記生松本昌幸報告 （臨時増刊）			貿易一般
1174 大正13年6月28日　　143頁 時計賣行状況　（暹羅）	外務省通商局			欄外
1175 大正13年6月30日　　頁外 靴賣行状況　（暹羅）	外務省通商局			欄外

盤谷市況（二月）　13年3月22日
暹米商況（一月）　13年3月22日
暹米商況（二月）　13年3月22日
盤谷市況（三月）　13年4月17日
盤谷港貿易概況（四月）　13年5月3日
盤谷市況（四月）　13年5月17日
暹羅米商況（三月）　13年5月17日
盤谷貿易概況（五月）　13年6月7日

第４６巻
大正１３年7-9月
（自第1176號至第1202號）

1176 大正13年7月3日　　電報1頁 外米相場　盤谷	大正13年6月25日著在暹矢田特命全権公使電報			電報
1177 大正13年7月7日　　43頁 醫師開業規則　（暹羅）	大正13年5月23日附在暹帝國特命全権公使矢田長之助報告			外國法規
1178 大正13年7月10日　　電報1頁 外米相場　盤谷	大正13年7月2日著在暹矢田特命全権公使電報			電報
1180 大正13年7月17日　　電報1頁 外米相場　暹羅	大正13年7月9日著在矢田暹特命全権公使電報			電報
1182 大正13年7月24日　　電報2頁 外米相場　盤谷	大正13年7月16日著在暹矢田特命全権公使電報			電報
1183 大正13年7月28日　　電報3頁 暹米輸出餘力（盤谷）	大正13年7月19日著在暹帝國特命全権公使矢田長之助電報			電報
1184 大正13年7月31日　　電報2頁 外米相場　盤谷	大正13年7月23日著在暹矢田特命全権公使電報			電報
1185 大正13年8月4日　　6頁 盤谷貿易概況（六月）	大正13年7月3日附在盤谷帝國領事館事務代理外務書記生松本昌幸報告			貿易一般
1187 大正13年8月11日　　電報3頁 暹米相場	大正13年8月2日著在暹羅矢田特命全権公使電報			電報
1188 大正13年8月14日　　7-8頁 暹米商況（五月）	大正13年7月7日附在盤谷帝國領事館事務代理外務書記生松本昌幸報告			商品市況
1189 大正13年8月18日　　電報1頁 外米相場　暹羅	大正13年8月6日著在暹矢田公使電報			電報
1192 大正13年8月28日　　電報3頁 外米相場　盤谷	大正13年8月20日著在暹矢田特命全権公使電報			電報
1195 大正13年9月8日　　電報1頁 外米相場　盤谷	大正13年8月27日著在暹帝國特命全権公使矢田長之助電報			電報
1196 大正13年9月11日　　3-4頁 盤谷貿易概況（七月）	大正13年8月4日附在盤谷帝國領事館事務代理外務書記生松本昌幸報告			貿易一般
1197 大正13年9月15日　　電報2-3頁 外米相場　盤谷	大正13年9月11日著在暹矢田特命全権公使電報			電報
1197 大正13年9月15日　　9-10頁 暹米商況（六月）	大正13年8月14日附在盤谷帝國領事館事務代理外務書記生天田六郎報告			商品市況
1199 大正13年9月22日　　電報2頁 外米相場　盤谷	大正13年9月18日著在暹矢田特命全権公使電報			電報
1201 大正13年9月29日　　10-14頁 暹羅貿易概況（大正十二年度）	大正13年8月18日附在盤谷帝國領事館事務代理外務書記生天田六郎報告			貿易一般

暹羅盤谷衛生状況　13年7月7日
産業其他の概況（暹羅）　13年7月7日

第４７巻
大正１３年10-12月
（自第1203號至第1228號）

1212 大正13年11月3日　　14頁 暹米相場（盤谷）	大正13年9月24日附在盤谷帝國領事館事務代理外務書記生天田六郎報告			商品市況

1214 大正13年11月10日　　10頁 　　盤谷貿易概況（九月）		大正13年10月6日附在盤谷帝國領事館事務代理外務書記生天田六郎報告		貿易一般
1215 大正13年11月13日　　10頁 　　米相場（盤谷）		大正13年10月7日附在盤谷帝國領事館事務代理外務書記生天田六郎報告		商品市況
1218 大正13年11月24日　　18頁 　　米相場（盤谷）		大正13年10月14日附在盤谷帝國領事館事務代理外務書記生天田六郎報告		商品市況
1220 大正13年11月27日　　8頁 　　米相場（盤谷）		大正13年10月25日附在盤谷帝國領事館事務代理外務書記生天田六郎報告		商品市況
1224 大正13年12月11日　　9-10頁 　　米相場（盤谷）		大正13年10月29日及11月5日附在盤谷帝國領事館事務代理外務書記生 天田六郎報告		商品市況
1227 大正13年12月22日　　3頁 　　米相場（盤谷）		大正13年11月13日附在盤谷帝國領事館事務代理外務書記生天田六郎報告		商品市況
1228 大正13年12月25日　　電報2頁 　　米相場（盤谷）		大正13年12月15日著在暹矢田帝國特命全権公使電報		電報

盤谷貿易概況（八月）　13年9月8日
暹羅畿内六州サスローク州稲作状況　　13年9月8日
米商況（盤谷）（七月）　13年9月14日
米相場（盤谷）（九月三十日）　13年9月30日
米商況（盤谷）（八月）　10月27日
盤谷貿易概況（十月）　11月5日
米商況（盤谷）（九月）　11月24日

日刊海外商報

1925年（大正14年）

号数	発行日	ページ	報告者	掲載欄	類別
			報告題目		

第1巻
大正14年1-3月
（自第1號至第85號）

5	大正14年1月10日	12頁	外務省通商局	欄外	
	暹國鐵道軌條鐵橋部分品等購入々札				
7	大正14年1月12日	1頁	在盤谷天田領事館事務代理報告	商品	商品市況
	外米産地相場（暹羅）				
12	大正14年1月17日	3-6頁	12月17日盤谷森田領事報告	商品	商品市況
	木材輸出狀況（暹羅）				
25	大正14年1月30日	5頁	在盤谷森田領事報告	商品	商品市況
	外米相場（盤谷）				
29	大正14年2月3日	3頁	1月30日著在盤谷森田領事電報	電報	商品市況
	米市況（盤谷）				
31	大正14年2月5日	5頁	在盤谷森田領事報告	商品	商品市況
	外米相場（盤谷）				
31	大正14年2月5日	16頁	盤谷 1月10日	紹介	紹介
	自轉車輸入業者（盤谷）				
32	大正14年2月6日	3頁	2月4日著在盤谷森田領事電報	電報	商品市況
	米相場（盤谷）				
38	大正14年2月13日	3頁	2月11日在盤谷森田領事電報	電報	商品市況
	米相場（盤谷）				
41	大正14年2月16日	5頁	在盤谷森田領事報告	商品	商品市況
	外米相場（盤谷）				
42	大正14年2月17日	9-11頁	1月14日附在盤谷森田領事報告	貿易	貿易一般
	盤谷港貿易概況（十二月）				
46	大正14年2月21日	3頁	2月18日著在盤谷森田領事電報	電報	商品市況
	米相場（盤谷）				
50	大正14年2月25日	5頁	在盤谷森田領事報告	商品	商品市況
	外米相場（盤谷）				
50	大正14年2月25日	16頁		欄外	
	暹羅鐵道院ボギー車其他購入入札				
52	大正14年2月27日	4頁	2月25日著在盤谷森田領事電報	電報	商品市況
	米相場（盤谷）				
53	大正14年2月28日	5頁	在盤谷森田領事報告	商品	商品市況
	外米相場（盤谷）				
56	大正14年3月3日	5-9頁	1月29日附在盤谷森田領事報告	商品	商品市況
	米市況（盤谷）（自七月至九月）				
57	大正14年3月4日	5頁	1月29日附在盤谷森田領事報告	商品	商品市況
	米市況（盤谷）『十一月』				
59	大正14年3月6日	3頁	3月4日著在盤谷森田領事電報	電報	商品市況
	米相場（盤谷）				
59	大正14年3月6日	16頁	2月2日附在暹森田代理公使報告	欄外	産業機関
	暹羅博覽會開催決定				
65	大正14年3月11日	33-34頁	10月15日附在盤谷森田領事報告	雑録	商品市況
	暹羅米商況（十月）				
67	大正14年3月13日	3頁	3月11日著在盤谷森田領事電報	電報	商品市況
	米相場（盤谷）				
69	大正14年3月15日	35-36頁	1月29日附在盤谷森田領事報告	貿易	貿易一般
	暹羅貿易概況（一九二四年）				

67

74	大正14年3月20日　　4頁	3月18日著在盤谷森田領事電報		電報	商品市況
	米相場（盤谷）				
76	大正14年3月22日　　3-5頁	2月2日附在盤谷森田領事報告		商品	商品市況
	暹羅米輸出餘力（大正十四年）				
81	大正14年3月27日　　3頁	3月25日著在盤谷森田領事電報		電報	商品市況
	米相場（盤谷）				
84	大正14年3月30日　　5-6頁	2月25日附在盤谷森田領事報告		商品	商品市況
	米作柄豫想（暹羅）　『一九二四ー二五年』				
85	大正14年3月31日　　15頁	外務省通商局		欄外	
	鐵道用貨車部分品購入々札　（暹羅）				

第2巻
大正１４年4-6月
（自第86號至第177號）

88	大正14年4月4日　　3頁	4月2日著在暹森田代理公使報告		電報	商品市況
	米相場（盤谷）				
92	大正14年4月8日　　14頁	外務省通商局		欄外	商品市況
	暹羅魚類輸入状況				
94	大正14年4月10日　　3頁	4月8日著在盤谷森田領事電報		電報	商品市況
	米相場（盤谷）				
97	大正14年4月13日　　5-7頁	2月27日附在盤谷森田領事報告		商品	商品市況
	暹羅米商況（一月）				
101	大正14年4月17日　　3頁	4月15日著在盤谷森田領事電報		電報	商品市況
	米相場（盤谷）				
107	大正14年4月23日　　5-6頁	3月23日附在盤谷森田領事報告		商品	商品市況
	米商況（盤谷）　『二月』				
108	大正14年4月24日　　3頁	4月22日著在盤谷森田領事電報		電報	商品市況
	外米相場（盤谷）				
108	大正14年4月24日　　14-15頁	3月21日附在盤谷森田領事報告		經濟	林業
	マングローブ林状況（プケット）				
116	大正14年5月1日　　3頁	4月29日著在盤谷森田領事電報		電報	商品市況
	米相場（盤谷）				
123	大正14年5月8日　　3頁	5月6日著在盤谷森田領事電報		電報	商品市況
	米相場（盤谷）				
130	大正14年5月15日　　3頁	5月13日著在盤谷森田領事電報		電報	商品市況
	米相場（盤谷）				
135	大正14年5月20日　　5頁	4月22日附在盤谷森田領事報告		商品	商品市況
	米商況（盤谷）　『三月』				
137	大正14年5月22日　　3頁	5月21日著在盤谷森田領事電報		電報	商品市況
	米相場（盤谷）				
144	大正14年5月29日　　3頁	5月28日著在盤谷森田領事電報		電報	商品市況
	米相場（盤谷）				
151	大正14年6月5日　　3頁	6月3日著在盤谷森田領事電報		電報	商品市況
	米相場（盤谷）				
155	大正14年6月9日　　5-6頁	4月30日附在盤谷森田領事報告		商品	商品市況
	自轉車需給状況（盤谷）				
158	大正14年6月12日　　3頁	6月10日著在盤谷森田領事電報		電報	商品市況
	米相場（盤谷）				
166	大正14年6月19日　　4頁	6月17日著在盤谷森田領事電報		電報	商品市況
	米相場（盤谷）				
167	大正14年6月20日　　5-7頁	5月20日附在盤谷森田領事報告		商品	商品市況
	米商況（盤谷）　『四月』				
167	大正14年6月20日　　14-15頁	5月19日附在盤谷森田領事報告		商品	商品市況
	飛行機用暹羅産木材				
173	大正14年6月26日　　3頁	6月25日著在盤谷森田領事電報		電報	財政及經濟
	支那事件餘波と米市況（盤谷）				

175	大正14年6月28日　26-36頁 圓為替下落と我輸出貿易促進策		4月17日附在盤谷森田領事報告 盤谷	經濟	貿易一般

第3巻
大正１４年7-9月
（自第178號至第267號）

180	大正14年7月3日　　3頁 米相場（盤谷）		7月2日著在盤谷森田領事電報	電報	商品市況
181	大正14年7月4日　　3頁 米市況　　（盤谷）		7月2日著在盤谷森田領事電報	電報	商品市況
182	大正14年7月5日　　11-35頁 暹國輸出貿易狀況（一九二三年）		5月13日附在盤谷森田領事報告	貿易	貿易一般
190	大正14年7月12日　11-36頁 暹國貿易上主要對手國の地位（一九二三年）		5月13日附在盤谷森田領事報告	貿易	貿易一般
191	大正14年7月13日　3頁 米相場（盤谷）		7月8日著在盤谷森田領事電報	電報	商品市況
195	大正14年7月17日　3頁 米相場（盤谷）		7月15日著在盤谷森田領事電報	電報	商品市況
197	大正14年7月19日　3-10頁 食料品及無酒精飲料輸入狀況　（暹國）『一九二三年』		5月13日附在盤谷森田領事報告	商品	商品市況
201	大正14年7月23日　8-9頁 米商況（盤谷）『五月』		6月22日附在盤谷森田領事報告	商品	商品市況
203	大正14年7月25日　3頁 米相場（盤谷）		7月23日著在盤谷森田領事電報	電報	商品市況
204	大正14年7月26日　13-15頁 暹國輸入貿易概況（一九二三年）		5月13日附在盤谷森田領事報告	貿易	貿易一般
204	大正14年7月26日　15-19頁 暹國原料品輸入貿易（一九二三年）		5月13日附在盤谷森田領事報告	貿易	貿易一般
204	大正14年7月26日　19-37頁 暹國製造品輸入貿易（一九二三年）『其一』		5月13日附在盤谷森田領事報告	貿易	貿易一般
210	大正14年8月2日　13-34頁 暹國製造品輸入貿易（一九二三年）『其二』		5月13日附在盤谷森田領事報告	貿易	貿易一般
211	大正14年8月3日　4頁 米相場（盤谷）		7月29日著在盤谷森田領事電報	電報	商品市況
216	大正14年8月8日　3頁 米相場（盤谷）		8月5日著在盤谷森田領事電報	電報	商品市況
220	大正14年8月12日　11-12頁 籾摺機需要狀況（暹羅）		7月9日附在盤谷森田領事報告	商品	商品市況
223	大正14年8月15日　3頁 米市況　　（盤谷）		8月12日著在盤谷森田領事電報	電報	商品市況
229	大正14年8月21日　4頁 米相場（盤谷）		8月20日著在盤谷森田領事電報	電報	商品市況
237	大正14年8月29日　3頁 米相場（盤谷）		8月26日著在盤谷森田領事電報	電報	商品市況
243	大正14年9月5日　3頁 米相場（盤谷）		9月2日著在盤谷森田領事電報	電報	商品市況
244	大正14年9月6日　25-30頁 暹羅貿易概況（自一月至六月）		7月23日附在盤谷森田領事報告	貿易	貿易一般
248	大正14年9月10日　5-7頁 米市況（盤谷）『六月』		7月25日附在盤谷森田領事報告	商品	商品市況
250	大正14年9月12日　3頁 米相場（盤谷）		9月9日著在盤谷森田領事電報	電報	商品市況
257	大正14年9月19日　3頁 米相場（盤谷）		9月17日著在盤谷森田領事電報	電報	商品市況
263	大正14年9月26日　3頁 米相場（盤谷）		9月23日著在盤谷森田領事電報	電報	商品市況

264 大正14年9月27日　50-54頁 支那罷工の暹羅に及ぼしたる影響	8月12日附在暹森田代理公使報告	經濟	財政及經濟

第４巻
大正１４年10-12月
（自第268號至第354號）

268 大正14年10月1日　5-11頁 魚類鑵詰竝鹽魚市況（盤谷）	8月22日附在盤谷森田領事報告	商品	商品市況
268 大正14年10月1日　15頁 鑵詰類輸入商（盤谷）	8月22日附在盤谷森田領事報告	紹介	紹介
270 大正14年10月3日　3頁 米相場（盤谷）	9月30日著在盤谷森田領事電報	電報	商品市況
281 大正14年10月13日　2頁 暹羅對本邦間貿易品價額　（自大正十三年四月至同十四年三月）	8月18日附在暹森田代理公使報告	欄外	貿易一般
283 大正14年10月15日　5-8頁 米市況（盤谷）『七月』	9月2日附在盤谷森田領事報告	商品	商品市況
287 大正14年10月20日　2頁 暹羅輸入額（三分税品）　『八月』	外務省通商局	欄外	貿易一般
294 大正14年10月27日　5頁 米輸出量（盤谷）『七月』	9月25日附在盤谷森田領事報告	商品	商品市況
306 大正14年11月9日　5頁 米相場（盤谷）	10月7日附在盤谷森田領事報告	商品	商品市況
306 大正14年11月9日　5-8頁 米商況（盤谷）『八月』	9月29日附在盤谷森田領事報告	商品	商品市況
318 大正14年11月21日　5頁 米相場（盤谷）	10月19日附在盤谷森田領事報告	商品	商品市況
320 大正14年11月24日　5頁 米相場（盤谷）	10月23日附在盤谷森田領事報告	商品	商品市況
321 大正14年11月25日　5頁 米輸出状況（盤谷）『八月』	10月26日附在盤谷森田領事報告	商品	商品市況
326 大正14年11月30日　15頁 暹羅國鐵道省購入ボギー車装具入札	外務省通商局	紹介	
338 大正14年12月12日　5頁 米相場（盤谷）	11月11日附在盤谷森田領事報告	商品	商品市況
340 大正14年12月14日　5-7頁 米收穫状況（暹羅）　（自一九二四年四月至一九二五年三月）	11月14日附在盤谷森田領事報告	商品	商品市況
341 大正14年12月15日　5頁 米相場（盤谷）	10月28日及11月6日附在盤谷森田領事報告	商品	商品市況
342 大正14年12月16日　5-7頁 米市況（盤谷）『九月』	11月2日附在盤谷森田領事報告	商品	商品市況

1926年（大正１５年）

第５巻
大正１５年1-3月
（自第355號至第439號）

355 大正15年1月4日　5頁 米相場（盤谷）	11月19日及同25日附在盤谷森田領事報告	商品	商品市況
356 大正15年1月6日　25-27頁 米市況（盤谷）『十月』	11月19日附在盤谷森田領事報告	商品	商品市況
365 大正15年1月15日　235頁 牛及水牛皮輸出取扱商（盤谷）	11月21日附在盤谷森田領事報告	紹介	紹介
366 大正15年1月16日　251頁 暹羅國鐵道省購入の鋼鐵製品及車輛入札	外務省通商局	欄外	雜録
368 大正15年1月18日　348-51頁 牛及水牛皮商況（暹羅）	11月21日附在盤谷森田領事報告	商品	商品市況

372 大正15年1月22日　409頁 暹羅英商協會の設立		外務省通商局		欄外	産業機関
373 大正15年1月23日　427頁 米輸出量（盤谷）『九月』		12月11日附在盤谷森田領事報告		商品	商品市況
377 大正15年1月27日　547頁 米相場（盤谷）		12月4日同9日及同16日竝同25日附在盤谷森田領事報告		商品	商品市況
416 大正15年3月8日　1519頁 米相場（盤谷）		1月18日及同19日附在盤谷土屋事務代理報告		商品	商品市況
418 大正15年3月10日　1553-54頁 米市況（盤谷）『十一月』		1月19日附在盤谷土屋事務代理報告		商品	商品市況
423 大正15年3月15日　1691頁 米相場（盤谷）		1月27日及2月8日附在盤谷土屋事務代理報告		商品	商品市況
432 大正15年3月24日　1884頁 暹國鐵道用品入札		外務省通商局		欄外	雑録
432 大正15年3月24日　1885頁 米相場（盤谷）		2月9日附在盤谷土屋事務代理報告		商品	商品市況

第6巻
大正１５年4-6月
（自第440號至第529號）

443 大正15年4月5日　19頁 米相場（盤谷）		2月26日附盤谷郡司領事報告		商品	商品市況
451 大正15年4月13日　54頁 米相場（盤谷）		3月6日附在盤谷郡司領事報告		商品	商品市況
451 大正15年4月13日　56頁 運動具商（盤谷）		3月9日附在盤谷郡司領事報告　（商取引紹介）		紹介	紹介
458 大正15年4月20日　87頁 米市況（盤谷）『十、十一、二月』		3月13日附在盤谷郡司領事報告		商品	商品市況
464 大正15年4月26日　115頁 米相場（盤谷）		3月23日及同27日附在盤谷郡司領事報告		商品	商品市況
471 大正15年5月3日　151頁 米相場（盤谷）		4月2日附在盤谷郡司領事報告		商品	商品市況
480 大正15年5月12日　195-96頁 米相場（盤谷）		4月14日附在盤谷郡司領事報告		商品	商品市況
481 大正15年5月13日　200頁 米相場（盤谷）		4月13日附在盤谷郡司領事報告		商品	商品市況
482 大正15年5月14日　203頁 米本邦向輸出量（盤谷）		4月10日附在盤谷郡司領事報告		商品	商品市況
482 大正15年5月14日　204頁 百貨店及商業會議所（盤谷）		4月13日附在盤谷郡司領事報告		紹介	紹介
483 大正15年5月15日　208頁 鉛筆需要状況（暹羅）		4月14日附在盤谷郡司領事報告		商品	商品市況
483 大正15年5月15日　208頁 暹羅鐵橋工事材料購入入札		外務省通商局		紹介	紹介
488 大正15年5月20日　234頁 暹羅鐵橋工事材料購入入札		外務省通商局		紹介	
494 大正15年5月26日　266頁 暹羅鐵橋工事材料購入入札		外務省通商局		紹介	
495 大正15年5月27日　269頁 米相場（盤谷）		4月21日附在盤谷郡司領事報告		商品	商品市況
506 大正15年6月7日　327頁 米相場（盤谷）		4月28日及5月7日附在盤谷郡司領事報告		商品	商品市況
508 大正15年6月9日　335-36頁 メイ・ヤング材状況（暹羅）		5月3日附在盤谷郡司領事報告		商品	商品市況
510 大正15年6月11日　343頁 米相場（盤谷）		5月12日附在盤谷郡司領事報告		商品	商品市況

518	大正15年6月19日 米相場（盤谷）	380-81頁	5月19日附在盤谷郡司領事報告		商品	商品市況
522	大正15年6月23日 暹羅虎疫流行	402頁	5月21日附在盤谷郡司領事報告		經濟	檢疫及衛生
522	大正15年6月23日 麥酒市況（盤谷）	403頁	5月20日附在盤谷郡司領事報告		商品	商品市況
522	大正15年6月23日 麥酒取扱商（盤谷）	404頁	5月20日附在盤谷郡司領事報告		紹介	紹介
528	大正15年6月29日 米相場（盤谷）	432頁	5月27日附在盤谷郡司領事報告		商品	商品市況

第7巻
大正15年7-9月
（自第530號至第618號）

536	大正15年7月7日 米相場（盤谷）	468頁	6月2日及同9日附在盤谷・郡司領事報告		商品	商品市況
536	大正15年7月7日 小麦粉輸入商（盤谷）	470頁	6月10日附在盤谷・郡司領事報告		紹介	紹介
538	大正15年7月9日 米輸出商（盤谷）	478頁	6月9日附在盤谷・郡司領事報告		紹介	紹介
546	大正15年7月17日 スプーン、フォーク需要状況（暹羅）	513頁	6月14日附在盤谷・郡司領事報告		商品	商品市況
546	大正15年7月17日 綿布取扱商（盤谷）	514頁	6月2日附在盤谷・郡司領事報告		紹介	紹介
548	大正15年7月19日 スプーン、フォーク輸入商（盤谷）	526頁	6月14日附在盤谷・郡司領事報告		紹介	紹介
549	大正15年7月20日 米相場（盤谷）	529頁	6月16日附在盤谷・郡司領事報告		商品	商品市況
552	大正15年7月23日 米相場（盤谷）	540頁	6月25日附在盤谷・郡司領事報告		商品	商品市況
556	大正15年7月27日 米相場（盤谷）	563頁	6月30日附在盤谷・郡司領事報告		商品	商品市況
571	大正15年8月12日 米相場（盤谷）	632頁	7月8日附在盤谷・郡司領事報告		商品	商品市況
575	大正15年8月16日 米相場（盤谷）	653頁	7月15日附在盤谷・郡司領事報告		商品	商品市況
589	大正15年8月30日 米相場（盤谷）	718頁	7月21日及同28日附在盤谷・郡司領事報告		商品	商品市況
592	大正15年9月3日 暹羅輸入貿易（六月中）三分税品	729頁	外務省通商局		貿易	貿易一般
592	大正15年9月3日 米市況（盤谷）『四、五、六月』	730-31頁	7月27日附在盤谷・郡司領事報告		商品	商品市況
605	大正15年9月16日 米相場（盤谷）	792頁	8月4日及同11日附在盤谷・郡司領事報告		商品	商品市況
605	大正15年9月16日 稲作米輸出餘力（暹羅）	793頁	8月6日附在盤谷・郡司領事報告		商品	商品市況
609	大正15年9月20日 米相場（盤谷）	813頁	8月18日附在盤谷・郡司領事報告		商品	商品市況
614	大正15年9月26日 暹羅の灌漑事業概況	835-36頁	8月11日附在・盤谷帝國領事郡司喜一報告　（經濟一般）		經濟	農業
617	大正15年9月29日 米相場（盤谷）	857頁	8月27日附在盤谷・郡司領事報告		商品	商品市況

第8巻
大正15年10-12月
（自第619號至第704號）

620	大正15年10月2日 米相場（盤谷）	869頁	8月31日附在盤谷・郡司領事報告		商品	商品市況

634 大正15年10月16日　947頁 米相場（盤谷）	9月8日附在盤谷・郡司領事報告	商品	商品市況
636 大正15年10月19日　955頁 管罐詰及索麺輸入額　（暹羅）	外務省通商局 （一九二五―二六年）	商品	商品市況
639 大正15年10月22日　967頁 米相場（盤谷）	9月14日附在盤谷・郡司領事報告	商品	商品市況
639 大正15年10月22日　968頁 金銀鑛金品輸入状況（暹羅）『一九二五―二六年』	外務省通商局	商品	商品市況
640 大正15年10月23日　971-72頁 綿毛布市況と本邦品（盤谷）	9月10日附在盤谷・郡司領事報告	商品	商品市況
640 大正15年10月23日　972頁 綿毛布輸入商（盤谷）	9月10日附在盤谷・郡司領事報告　（紹介欄）	紹介	紹介
644 大正15年10月27日　999頁 楽器輸入状況　（暹羅）	外務省通商局 （一九二五―二六年）	商品	商品市況
646 大正15年10月29日　1007頁 麦酒輸入状況　（暹羅）	外務省通商局 『一九二五―二六年』	商品	商品市況
647 大正15年10月30日　1012頁 化粧石鹸輸入状況　（暹羅）	外務省通商局 （一九二五―二六年）	商品	商品市況
648 大正15年11月1日　1014頁 米相場（盤谷）	9月21日及同29日附在盤谷・郡司領事報告	商品	商品市況
648 大正15年11月1日　1015-16頁 自轉車輸入状況　（暹羅）	外務省通商局 （一九二五―二六年）	商品	商品市況
650 大正15年11月3日　1023頁 皮類輸出状況（暹羅）『一九二五―二六年』	外務省通商局	商品	商品市況
652 大正15年11月5日　1029-30頁 暹羅貿易概況（自大正十四年四月至同十五年三月）	9月28日附在盤谷・郡司領事報告	貿易	貿易一般
654 大正15年11月7日　1037-41頁 暹羅貿易年報　（自大正十三年四月至同十四年三月）	8月15日附在盤谷・帝國領事郡司喜一報告	貿易	貿易一般
660 大正15年11月13日　1071頁 米相場（盤谷）	10月6日附在盤谷・郡司領事報告	商品	商品市況
663 大正15年11月16日　1091頁 米相場（盤谷）	10月13日附在盤谷・郡司領事報告	商品	商品市況
672 大正15年11月26日　1134-35頁 米相場（盤谷）	10月21日附在盤谷・郡司領事報告	商品	商品市況
675 大正15年11月29日　1156頁 米相場（盤谷）	10月27日附在盤谷・郡司領事報告	商品	商品市況
683 大正15年12月7日　1195頁 米相場（盤谷）	11月4日附在盤谷・郡司領事報告	商品	商品市況
685 大正15年12月9日　1202-3頁 米市況（盤谷）『七、八、九月』	11月2日附在盤谷・郡司領事報告	商品	商品市況
695 大正15年12月19日　1253-54頁 暹羅の鑛業	10月5日附在盤谷・帝國領事郡司喜一報告	經濟	鑛業
697 大正15年12月21日　1261頁 米相場（盤谷）	11月17日附在盤谷・郡司領事報告	商品	商品市況

1927年（昭和2年）

第9巻
昭和2年1-3月
（自第號至705第786號）

708 昭和2年1月8日　1308頁 米相場（盤谷）	11月24日附在盤谷・郡司領事報告	商品	商品市況
711 昭和2年1月11日　1323頁 米作柄及輸出餘力　（暹羅）	昭和2年1月8日著在暹帝國特命全權公使林久治郎電報	電報	商品市況
722 昭和2年1月22日　1378頁 暹羅米標準決定	12月10日附在盤谷・郡司領事報告	商品	商品市況

724 昭和2年1月24日 1393-94頁 米相場（盤谷）	12月1日同7日及14日附在盤谷・郡司領事報告	商品	商品市況
725 昭和2年1月25日 1398頁 金箔需要状況（暹羅）	12月18日附在盤谷・郡司領事報告	商品	商品市況
732 昭和2年2月1日 1433頁 米相場（盤谷）	12月22日附在盤谷・郡司領事報告	商品	商品市況
742 昭和2年2月14日 1494頁 米相場（盤谷）	1月5日附在盤谷・郡司領事報告	商品	商品市況
758 昭和2年3月2日 1583頁 米相場（盤谷）	1月14日及同19日附在盤谷・郡司領事報告	商品	商品市況
761 昭和2年3月5日 1596頁 米市況（盤谷）『十、十一月』	1月22日附在盤谷・郡司領事報告	商品	商品市況
763 昭和2年3月7日 1612頁 米相場（盤谷）	1月26日附在盤谷・郡司領事報告	商品	商品市況
766 昭和2年3月10日 1622頁 米相場（盤谷）	2月3日附在盤谷・郡司領事報告	商品	商品市況
770 昭和2年3月14日 1653頁 米市況（盤谷）『十二月』	2月2日附在盤谷・郡司領事報告	商品	商品市況
772 昭和2年3月16日 1659頁 盤谷貿易概況（大正十五年）	1月24日附在盤谷・郡司領事報告	貿易	貿易一般
772 昭和2年3月16日 1662頁 チークの現在及将来（暹羅）	1月8日附在盤谷・郡司領事報告	商品	商品市況
784 昭和2年3月29日 1732頁 米相場（盤谷）	2月8日及同15日附在盤谷・郡司領事報告	商品	商品市況
785 昭和2年3月30日 1735頁 暹羅新關税法公布實施	昭和2年3月27日著在暹帝國特命全權公使林久治郎電報	電報	關税及條約

第10巻
昭和2年4-6月
（自第號至787第875號）

787 昭和2年4月1日 3頁 米相場（盤谷）	2月22日附在盤谷・郡司領事代理報告	商品	商品市況
790 昭和2年4月5日 16頁 米相場（盤谷）	3月2日附在盤谷・郡司領事報告	商品	商品市況
793 昭和2年4月8日 27頁 米市況（盤谷）『一月』	3月3日附在盤谷・郡司領事報告	商品	商品市況
794 昭和2年4月9日 29頁 燐寸輸入税訂正（暹羅）	4月3日著在暹帝國特命全權公使林久治郎電報	電報	關税及條約
805 昭和2年4月20日 95頁 米相場（盤谷）	3月8日附在盤谷・郡司領事報告	商品	商品市況
814 昭和2年4月30日 139頁 米相場（盤谷）	3月15日及同23日附在盤谷・郡司領事報告	商品	商品市況
829 昭和2年5月15日 215-22頁 暹羅外國貿易年報（一九二五ー二六年）	2月26日附在盤谷・帝國領事郡司喜一報告	貿易	貿易一般
833 昭和2年5月19日 242頁 米相場（盤谷）	4月4日附在盤谷・郡司領事報告	商品	商品市況
834 昭和2年5月20日 245-46頁 米市況（盤谷）『二月』	4月15日附在盤谷・郡司領事報告	商品	商品市況
838 昭和2年5月24日 275頁 米相場（盤谷）	4月12日及同18日附在盤谷・郡司領事報告	商品	商品市況
845 昭和2年5月31日 309頁 米相場（盤谷）	4月27日附在盤谷・郡司領事報告	商品	商品市況
859 昭和2年6月14日 377頁 米相場（盤谷）	5月4日附在盤谷・郡司領事報告	商品	商品市況
860 昭和2年6月15日 382頁 米作柄概況（暹羅）『一九二六年』	5月6日附在盤谷・郡司領事報告	商品	商品市況

861 昭和2年6月16日　384頁 米市況（盤谷）『三月』	5月10日附在盤谷・郡司領事報告	商品	商品市況
863 昭和2年6月18日　393頁 米相場（盤谷）	5月11日附在盤谷・郡司領事報告	商品	商品市況
864 昭和2年6月19日　403頁 各國の産業統計書目　暹羅	大正15年10月26日附在暹羅・帝國臨時代理公使郡司喜一報告	紹介	紹介

第11巻
昭和2年7-9月
（自第號至876第966號）

887 昭和2年7月12日　516-17頁 米市況（盤谷）『四月』	6月4日附在盤谷・郡司領事報告	商品	商品市況
889 昭和2年7月14日　524-25頁 暹羅國現行關税法概要	6月1日附在暹・郡司代理公使報告	經濟	關税及條約
891 昭和2年7月16日　533頁 米相場（盤谷）	6月1日附在盤谷・郡司領事報告	商品	商品市況
893 昭和2年7月18日　548頁 米相場（盤谷）	6月7日附在盤谷・郡司領事報告	商品	商品市況
901 昭和2年7月26日　588頁 米相場（盤谷）	6月15日附在盤谷・郡司領事報告	商品	商品市況
902 昭和2年7月27日　593頁 米相場（盤谷）	6月23日附在盤谷・郡司領事報告	商品	商品市況
906 昭和2年7月31日　613-18頁 暹羅の資源、産業竝外國貿易	2月28日附在盤谷・帝國領事郡司喜一報告	經濟	各地事情
915 昭和2年8月9日　656頁 米市況（盤谷）『五月』	7月4日附在盤谷・郡司領事報告	商品	商品市況
919 昭和2年8月13日　674頁 米相場（盤谷）	6月29日附在盤谷・郡司領事報告	商品	商品市況
921 昭和2年8月15日　691頁 米相場（盤谷）	7月6日附在盤谷・郡司領事報告	商品	商品市況
926 昭和2年8月20日　710-11頁 果物及蔬菜類需給状況（盤谷）	7月12日附在盤谷・郡司領事報告	商品	商品市況
928 昭和2年8月22日　728頁 米相場（盤谷）	7月13日附在盤谷・郡司領事報告	商品	商品市況
932 昭和2年8月26日　743頁 暹羅新關税と同國輸入貿易	7月5日附在盤谷・郡司領事報告	貿易	貿易一般
943 昭和2年9月6日　803-4頁 絹物取引状況（盤谷）	7月21日附在盤谷・郡司領事報告	商品	商品市況
946 昭和2年9月9日　815頁 米相場（盤谷）	7月26日附在盤谷・郡司領事報告	商品	商品市況
949 昭和2年9月12日　831頁 米相場（盤谷）	8月3日附在盤谷・郡司領事報告	商品	商品市況
954 昭和2年9月17日　850頁 米相場（盤谷）	8月10日附在盤谷・郡司領事報告	商品	商品市況
956 昭和2年9月19日　863頁 米相場（盤谷）	8月17日附在盤谷・郡司領事報告	商品	商品市況
956 昭和2年9月19日　863頁 米市況（盤谷）『六、七月』	8月19日附在盤谷・郡司領事報告	商品	商品市況

第12巻
昭和2年10-12月
（自第號至967第1051號）

974 昭和2年10月8日　943頁 米相場（盤谷）	8月24日及同31日竝9月7日附在盤谷・郡司領事報告	商品	商品市況
976 昭和2年10月10日　964頁 暹羅鐵道局用品入札	8月29日附在盤谷・郡司領事報告	紹介	紹介
982 昭和2年10月16日　990-96頁 北部暹羅經濟事情	7月19日附在暹・帝國特命全權公使林久治郎報告	經濟	各地事情

986 昭和2年10月21日　1011頁 米相場（盤谷）		9月14日附在盤谷・郡司領事報告		商品	商品市況
992 昭和2年10月27日　1043頁 米相場（盤谷）		9月20日附在盤谷・郡司領事報告		商品	商品市況
992 昭和2年10月27日　1043-44頁 暹羅産樟脳		9月23日附在盤谷・郡司領事報告		商品	商品市況
993 昭和2年10月28日　1046頁 米市況（盤谷）『八月』		9月21日附在盤谷・郡司領事報告		商品	商品市況
1002 昭和2年11月7日　1097頁 米相場（盤谷）		9月28日附在盤谷・郡司領事報告		商品	商品市況
1005 昭和2年11月10日　1110頁 米相場（盤谷）		10月5日附在盤谷・郡司領事報告		商品	商品市況
1010 昭和2年11月15日　1143頁 米作状況（暹羅）		10月7日附在盤谷・郡司領事報告		商品	商品市況
1011 昭和2年11月16日　1147頁 米相場（盤谷）		10月12日附在盤谷・郡司領事報告		商品	商品市況
1019 昭和2年11月25日　1191頁 米相場（盤谷）		10月19日附在盤谷・郡司領事報告		商品	商品市況
1025 昭和2年12月1日　1228頁 亜鉛引鐵板市況（盤谷）		10月18日附在盤谷・郡司領事報告		商品	商品市況
1029 昭和2年12月5日　1254頁 米相場（盤谷）		10月26日及11月2日附在盤谷・郡司領事報告		商品	商品市況
1030 昭和2年12月6日　1259頁 旅商携行商品見本と暹羅國新關税法		11月4日附在盤谷・郡司領事報告		經濟	關税及條約
1031 昭和2年12月7日　1261-62頁 盤谷貿易概況（上半期）		10月25日附在盤谷・郡司領事報告		貿易	貿易一般
1037 昭和2年12月13日　1298頁 暹羅鐵道貨車入札		11月2日附在盤谷・郡司領事報告		紹介	紹介
1044 昭和2年12月20日　1333頁 米作豫想（暹羅）		12月16日著在暹帝國特命全權公使林久治郎電報		電報	商品市況
1046 昭和2年12月22日　1344頁 自轉車輸入商（盤谷）		11月11日附在盤谷・郡司領事報告		紹介	紹介
1047 昭和2年12月23日　1347頁 米相場（盤谷）		11月9日附在盤谷・郡司領事報告		商品	商品市況
1049 昭和2年12月26日　1355頁 米相場（盤谷）		11月16日附在盤谷・郡司領事報告		商品	商品市況

1928年（昭和3年）

第13巻
昭和3年1-3月
（自第號至1052第1136號）

1054 昭和3年1月7日　1373頁 本邦對盤谷港重要貿易品 （自大正十五年四月至昭和二年三月）		11月21日附在盤谷・郡司領事報告		貿易	貿易一般
1054 昭和3年1月7日　1375頁 米相場（盤谷）		11月23日附在盤谷・郡司領事報告		商品	商品市況
1057 昭和3年1月10日　1396頁 米輸出額（盤谷）（一九二七年九、十月）		11月23日附在盤谷・郡司領事報告		商品	商品市況
1066 昭和3年1月19日　1442頁 自轉車取扱商（盤谷）		12月2日附在盤谷・郡司領事報告 （紹介欄）		紹介	紹介
1071 昭和3年1月24日　1469頁 米作豫想及輸出餘力（第二回）		1月21日著在暹帝國特命全權公使林久治郎電報 『暹羅』		電報	商品市況
1072 昭和3年1月25日　1475頁 米相場（盤谷）		12月1日附在盤谷・郡司領事報告		商品	商品市況
1072 昭和3年1月25日　1476頁 自轉車需要状況（盤谷）		12月2日附在盤谷・郡司領事報告		商品	商品市況

1075 昭和3年1月28日	1487頁	12月14日附在盤谷・郡司領事報告	商品	商品市況
米相場（盤谷）				
1077 昭和3年1月30日	1503頁	12月6日附在盤谷・郡司領事報告	商品	商品市況
鰮鑵詰需要状況（盤谷）				
1090 昭和3年2月13日	1571頁	12月28日附在盤谷・郡司領事報告	商品	商品市況
米相場（盤谷）				
1097 昭和3年2月20日	1609-10頁	1月3日附在盤谷・郡司領事報告	商品	商品市況
米輸出状況（盤谷）『十一月』				
1099 昭和3年2月22日	1618頁	1月4日附在盤谷・郡司領事報告	商品	商品市況
米相場（盤谷）				
1105 昭和3年2月28日	1654頁	1月17日附在盤谷・郡司領事報告	商品	商品市況
米相場（盤谷）				
1121 昭和3年3月15日	1725頁	1月25日附在盤谷・郡司領事報告	商品	商品市況
米相場（盤谷）				
1124 昭和3年3月18日	1735-43頁	昭和2年12月29日附在盤谷・帝國領事郡司喜一報告	貿易	貿易一般
暹羅貿易年報（一九二六一二七年）				
1126 昭和3年3月20日	1755頁	2月1日附在盤谷・郡司領事報告	商品	商品市況
米相場（盤谷）				
1133 昭和3年3月28日	1787頁	2月8日附在盤谷・郡司領事報告	商品	商品市況
米相場（盤谷）				
1135 昭和3年3月30日	1795頁	2月22日附在盤谷・郡司領事報告	商品	商品市況
米相場（盤谷）				

週刊海外經濟事情

1928年（昭和3年）

号数 発行日	ページ	報告者	分類（類別）
報告題目			

第1巻
昭和3年4月—6月

2 昭和3年4月9日　　　28-32頁　　昭和3年1月25日附在暹・帝國特命全權公使林久治郎報告　　商品
暹羅に於ける棉花

4 昭和3年4月23日　　　20頁　　昭和3年3月1日附在盤谷・帝國領事郡司喜一郎報告　　外國法規
暹羅國脱脂乳取締新規則

5 昭和3年4月30日　　　15-16頁　　昭和3年3月8日附在盤谷帝國領事郡司喜一郎報告　　商品
暹羅に於けるセメント需給状況

8 昭和3年5月21日　　　59-60頁　　4月5日附在盤谷郡司領事報告　　商品
暹米仕向地別輸出數量（自昭和二年十二月至昭和三年一二月）

11 昭和3年6月4日　　　18頁　　昭和3年4月17日附在盤谷帝國領事郡司喜一郎報告　　外國法規
暹羅國脱脂乳取締令中含有脂肪分の標準

11 昭和3年6月4日　　　62頁　　昭和3年4月17日附在盤谷帝國領事郡司喜一郎報告　　紹介
自動車附属品取扱商（盤谷）

第2巻
昭和3年7月—9月

15 昭和3年7月2日　　　19-23頁　　昭和3年5月6日附在盤谷帝國領事郡司喜一郎報告　　貿易
盤谷港貿易概況（自一九二七年十月至一九二八年三月）

16 昭和3年7月9日　　　59頁　　昭和3年5月6日附在盤谷郡司領事報告　　商品
暹米仕向地別竝品種別輸出統計（三月）

23 昭和3年8月20日　　　60頁　　昭和3年6月27日附在盤谷郡司領事報告　　商品
暹米仕向地別竝品種別輸出統計（四月）

29 昭和3年9月24日　　　60-61頁　　昭和3年7月16日附在盤谷郡司領事報告　　商品
暹米仕向地別竝品種別輸出統計（五月）

第3巻
昭和3年10月—12月

30 昭和3年10月1日　　　65頁　　昭和3年7月27日附在盤谷郡司領事報告　　商品
暹米仕向地別輸出統計（六月）

31 昭和3年10月8日　　　61頁　　昭和3年8月11日附在盤谷郡司領事報告　　商品
暹米仕向地別輸出統計（七月）

35 昭和3年11月5日　　　61頁　　昭和3年9月12日附在盤谷郡司領事報告　　商品
暹米仕向地別輸出統計（八月）

40 昭和3年12月3日　　　63頁　　昭和3年9月29日附在盤谷帝國領事郡司喜一郎報告　　紹介
暹國鐵道橋梁部分品入札

41 昭和3年12月10日　　　64頁　　昭和3年10月16日附在盤谷郡司領事報告　　商品
暹米仕向地別輸出統計（九月）

42 昭和3年12月17日　　　電2頁　　昭和3年12月9日著在暹帝國特命全權公使矢田部保吉電報　　關税及條約
暹羅國關税率改正

42 昭和3年12月17日　　　20-25頁　　昭和3年10月25日附在盤谷帝國領事郡司喜一郎報告　　貿易
盤谷港貿易概況（自昭和三年四月至同年九月）

42 昭和3年12月17日　　　55-56頁　　昭和3年10月19日附在盤谷郡司領事報告　　貿易
暹羅國對外貿易額竝對日貿易額（自昭和二年四月至昭和三年三月）

43 昭和3年12月24日　　　57頁　　昭和3年10月5日附在盤谷帝國領事郡司喜一郎報告　　紹介
獸皮輸出商（盤谷）

1929年（昭和4年）

第4巻
昭和4年1月—3月

48 昭和4年2月4日	64-65頁	昭和3年12月15日附在盤谷帝國領事郡司喜一郎報告		商品
米収穫豫想高（シャム）『一九二九年』				
48 昭和4年2月4日	68-69頁	昭和3年11月22日附在盤谷郡司領事報告		商品
暹米輸出額（一九二八年十月）				
48 昭和4年2月4日	73頁	昭和3年11月26日附在盤谷帝國領事郡司喜一郎報告		紹介
獸皮商（盤谷）				
51 昭和4年2月18日	60頁	昭和3年12月27日附在バンコク郡司領事報告		商品
暹米輸出統計（十一月）				
53 昭和4年3月4日	10-11頁	昭和4年1月5日附在バンコック帝國領事郡司喜一郎報告		商業經理
シャム米買付商習慣改革問題				
54 昭和4年3月11日	61頁	昭和4年1月27日附在バンコック郡司領事報告		商品
米輸出額（バンコック）『十二月』				
57 昭和4年3月25日	17-18頁	昭和4年1月10日附在バンコック帝國領事郡司喜一郎報告		商品
麻ホース市況（バンコック）				

第2年第1
昭和4年4月—6月

4 昭和4年4月22日	55-56頁	昭和4年3月4日附在バンコック帝國領事郡司喜一郎報告		商品
米収穫豫想（シャム）『一九二八年』				
4 昭和4年4月22日	61頁	昭和4年2月22日附在盤谷郡司領事報告		商品
米輸出量額（シャム）『一月』				
5 昭和4年4月30日	9-12頁	昭和4年3月10日附在バンコック帝國領事郡司喜一郎報告		貿易
シャム對日貿易年報（一九二七年一二八年）				
6 昭和4年5月6日	60-61頁	昭和4年3月4日附在バンコック帝國領事郡司喜一郎報告		商品
米収穫豫想高及輸出餘力（シャム）『一九二八年度』				
6 昭和4年5月6日	71頁	昭和4年3月22日附在盤谷郡司領事報告		商品
米輸出國別量額（バンコック）『二月』				
8 昭和4年5月20日	28-38頁	昭和4年2月23日附在バンコック帝國領事郡司喜一郎報告		關税及條約
シャム國公定輸出入申告書品目表				
8 昭和4年5月20日	56-57頁	昭和4年2月23日附在バンコック帝國領事郡司喜一郎報告		商品
本邦製婦人用絹靴下需要状況				
9 昭和4年5月22日	95-112頁	昭和4年3月10日附在バンコック帝國領事郡司喜一郎報告		貿易
シャム國貿易年報（一九二七一二八年）　（臨時増刊）				
10 昭和4年5月27日	79頁	昭和4年3月25日附在バンコック帝國領事郡司喜一郎報告		紹介
各種硝子壜輸入商（バンコック）				
13 昭和4年6月17日	75頁	昭和4年3月25日附在バンコック帝國領事舘報告		紹介
建築用陶磁器輸入商（バンコック）				
14 昭和4年6月24日	14-17頁	昭和4年3月2日附在シャム帝國特命全權公使矢田部保吉報告		商品
シャム煙草需給概況				

第2年第2
昭和4年7月—9月

24 昭和4年9月2日	12-18頁	外務省通商局		貿易
シャム國對外貿易状況（其一）				
24 昭和4年9月2日	52頁	昭和4年7月15日附在バンコック郡司領事報告		商品
シャム米輸出状況（六月）				
25 昭和4年9月9日	電4頁	昭和4年8月9日附在バンコック郡司領事報告		商業經理
盤谷印度商人との取引方注意				
25 昭和4年9月9日	24-28頁	外務省通商局		貿易
シャム國對外貿易状況（其二）				
26 昭和4年9月16日	61頁	昭和4年8月7日附在バンコック郡司領事報告		貿易
バンコック市場状況（七、八月）				

27 昭和4年9月24日　　　　63-64頁　　昭和4年8月5日著在バンコック郡司領事報告　　　　　　　　　　　商品
陶磁器取引状況（バンコック）

第2年第3
昭和4年10月-12月

29 昭和4年10月7日　　　　9-11頁　　昭和4年8月6日附在バンコック郡司領事報告　　　　　　　　　　　　　商品
アルミニユーム製品需給状況（暹羅）

31 昭和4年10月21日　　　15-16頁　　昭和4年7月16日附在バンコック郡司領事報告　　　　　　　　　　　　商品
刷子需要状況（バンコック）

38 昭和4年12月9日　　　　21-25頁　　昭和4年9月21日附在シャム矢田部特命全權公使報告　　　　　　　　交通，保險，
シャム國鐵道の發達状況　　　　　　　　　　　　　　　　　　　　　　　　　　　　　　　　　　　　　　倉庫及港灣

1930年（昭和5年）

第3年第1
昭和5年1月—3月

2 昭和5年1月13日　　　　電報4頁　　昭和5年1月9日著在シャム矢田部特命全權公使電報　　　　　　　　　商品
米作柄豫想（シャム）

2 昭和5年1月13日　　　　24-28頁　　昭和4年11月7日附在バンコック郡司領事報告　　　　　　　　　　　　貿易
バンコック港貿易概況（上半期）

2 昭和5年1月13日　　　　61-62頁　　昭和4年11月15日附在バンコック郡司領事報告　　　　　　　　　　　商品
米作柄状況（シャム）『佛暦二四七一年』

3 昭和5年1月20日　　　　24-26頁　　外務省通商局　　　　　　　　　　　　　　　　　　　　　　　　　　財政及經濟
シャムの資源

4 昭和5年1月27日　　　　電報1-2頁　　昭和5年1月16日著在シャム矢田部特命全權公使電報　　　　　　　商品
米輸出餘力（シャム）

4 昭和5年1月27日　　　　48-50頁　　昭和4年10月21日著在シャム矢田部特命全權公使報告　　　　　　　外國法規
シャム國貯蔵會社販締規定發布

6 昭和5年2月10日　　　　30-31頁　　昭和4年12月26日附在バンコック郡司領事報告　　　　　　　　　　　工業
シャムの電気業状況

6 昭和5年2月10日　　　　50-53頁　　昭和4年12月21日附在バンコック郡司領事報告　　　　　　　　　　　農業
シャム國稲作と肥料の使用

7 昭和5年2月17日　　　　電報3頁　　昭和5年2月13日著在シャム矢田部特命全權公使電報　　　　　　　　商品
米輸出餘力（シャム）

7 昭和5年2月17日　　　　52-55頁　　昭和4年12月28日附在バンコック郡司領事報告　　　　　　　　　　　商品
陶磁器取引状況（バンコック）

7 昭和5年2月17日　　　　69-70頁　　昭和4年10月28日附在バンコック帝國領事舘報告　　　　　　　　　　貿易
シャム對本邦重要貿易品（自昭和三年四月至同四年三月）

9 昭和5年3月3日　　　　　58-59頁　　昭和5年1月16日附在バンコック郡司領事報告　　　　　　　　　　　商品
米輸出餘力豫想（シャム）

13 昭和5年3月31日　　　　35-41頁　　昭和5年2月5日附在バンコック天田領事舘事務代理報告　　　　　　貿易
シャム對日貿易年報（昭和三一四年）

13 昭和5年3月31日　　　　47-49頁　　昭和5年2月6日附在盤谷天田領事舘事務代理報告　　　　　　　　　商品
米輸出状況（バンコック）

13 昭和5年3月31日　　　　61頁　　　昭和5年2月12日附在暹矢田部特命全權公使報告　　　　　　　　　　關税及條約
シャム國輸入申告書に商品原産地名記載

13 昭和5年3月31日　　　　61-62頁　　昭和5年1月14日附在バンコック郡司領事報告　　　　　　　　　　　商品
アスファルト等輸入状況竝取扱商及建築業者（バンコック）

第3年第2
昭和5年4月—6月

14 昭和5年4月7日　　　　　58頁　　　昭和5年2月12日附在盤谷天田領事舘事務代理報告　　　　　　　　　商品
米輸出餘力最終豫想（シャム）

17 昭和5年4月28日　　　　44頁　　　昭和5年3月10日附在バンコック天田領事舘事務代理報告　　　　　　商品
印刷諸機械輸入状況竝取扱商（シャム）

18 昭和5年5月5日	40-42頁	昭和5年3月14日附在バンコック天田領事舘事務代理報告		商品
洋灰需給状況（バンコック）				
21 昭和5年5月26日	52-53頁	昭和5年3月26日著在シャム矢田部特命全權公使電報		財政及經濟
シャムの華商詐僞破産等に因る損害輕減策				
22 昭和5年6月2日	78頁	昭和5年4月8日附在バンコック帝國領事舘報告		紹介
時計貴金属取扱商（バンコック）				
23 昭和5年6月9日	69-70頁	昭和5年4月4日附在バンコック天田領事舘事務代理報告		商品
鑛石需給状況（シャム）				
24 昭和5年6月16日	71-2頁	昭和5年5月1日附在バンコック天田領事舘事務代理報告		商品
肥料輸入額竝同取扱商（バンコック）				
26 昭和5年6月30日	11-13頁	昭和4年10月30日附在シャム矢田部特命全權公使報告		財政及經濟
南洋の經濟的重要性				

第3年第3
昭和5年7月―9月

27 昭和5年7月7日	8-10頁	昭和4年10月30日附在シャム矢田部特命全權公使報告		財政及經濟
シャムに於ける本邦商品の販路擴張及維持策				
28 昭和5年7月14日	19-26頁	昭和4年10月30日附在シャム矢田部特命全權公使報告		各地事情
シャムに於て注目すべき事業				
28 昭和5年7月14日	73頁	昭和5年5月28日附在バンコック高津領事報告		商品
米作状況（シャム國畿内七州）『佛暦二四七二年』				
29 昭和5年7月21日	20-23頁	昭和4年10月30日附在シャム矢田部特命全權公使報告		財政及經濟
シャムに於ける經濟發展上邦人に不利なる諸事情				
33 昭和5年8月18日	42-46頁	昭和5年5月20日附在バンコック高津領事報告		貿易
バンコック港貿易概況（佛暦二四七二年下半期）				
38 昭和5年9月22日	48-51頁	昭和5年7月25日附在バンコック高津領事報告		財政及經濟
バンコック最近商況				

第3年第4
昭和5年10月―12月

41 昭和5年10月13日	66-67頁	昭和5年8月20日附在バンコック高津領事報告		商品
バンコックのデンマーク會社洋灰工場設立計畫				
43 昭和5年10月27日	69頁	昭和5年8月25日附在バンコック高津領事報告		鑛業
鑛業採掘権讓渡鑛務局手數料改正のシャム農務省令公布				
43 昭和5年10月27日	69頁	昭和5年8月25日附在バンコック高津領事報告		鑛業
錫採掘權申請不受理のシャム農務省告示				
45 昭和5年11月10日	21-31頁	昭和5年9月10日附在シャム矢田部特命全權公使報告		財政及經濟
シャム國財政及經濟概況（佛暦二四七三年度）				
47 昭和5年11月24日	1-3頁	昭和5年9月20日附在バンコック高津領事報告		商品
本邦製人造絹織物需給状況（バンコック）				
47 昭和5年11月24日	72頁	昭和5年9月12日附在バンコック高津領事報告		交通, 保險, 倉庫及港灣
オランダ、蘭領東インド間郵便航空路開設進捗				
47 昭和5年11月24日	77頁	昭和5年8月23日附在バンコック帝國領事舘報告		商品
米輸出統計（シャム）『一九三〇年六月』				
48 昭和5年12月1日	69-70頁	昭和5年10月15日附在バンコック高津領事報告		農業
米作柄状況（シャム）『佛暦二四七二年』				
48 昭和5年12月1日	75-76頁	昭和5年10月13日附在バンコック帝國領事舘報告		貿易
シャム對日重要貿易品統計（佛暦二四七二年）				

1931年（昭和6年）

第4年第1
昭和6年1月―3月

4 昭和6年1月26日	27-30頁	昭和5年12月8日附在バンコック高津領事報告		財政及經濟
バンコックの米市況と一般經濟界				
6 昭和6年2月9日	電報2-3頁	昭和6年2月2日著在シャム高津臨時代理公使電報		關税及條約
シャム新關税定率法實施				

6 昭和6年2月9日　　　　45-46頁　　　昭和5年12月22日附在シャム高津臨時代理公使報告　　　　財政及經濟
　シャムの財政状態に關する大蔵省声明書竝同声明に對する財界の印象

7 昭和6年2月16日　　　　13-14頁　　　昭和5年12月20日附在バンコック高津領事報告　　　　財政及經濟
　シャム米不振對策諮問會状況

10 昭和6年3月9日　　　　12-18頁　　　外務省通商局　　　　財政及經濟
　シャムに於ける歐米諸國特にドイツの經濟的活動

13 昭和6年3月30日　　　　16-21頁　　　昭和5年1月11日附在シャム矢田部特命全權公使報告　　　　商品
　米のシャム國經濟上に於ける地位

13 昭和6年3月30日　　　　27-29頁　　　昭和6年2月2日附在シャム高津臨時代理公使報告　　　　關税及條約
　シャム國新關税定率法公布

第4年第2
昭和6年4月－6月

14 昭和6年4月6日　　　　16-17頁　　　昭和6年3月14日著在シャム高津臨時代理公使報告　　　　關税及條約
　シャム國關税改正と諸新聞の論調

14 昭和6年4月6日　　　　17-20頁　　　昭和6年2月14日著在バンコック高津領事報告　　　　關税及條約
　關税改正がシャム國貿易に及ぼす影響

15 昭和6年4月13日　　　　67頁　　　昭和6年3月16日著在バンコック高津領事報告　　　　農業
　米作柄状況（シャム）『一九三〇年十二月末現在』

16 昭和6年4月20日　　　　65-66頁　　　昭和6年3月25日著在バンコック高津領事報告　　　　貿易
　シャム國外國貿易概況（一九三〇年）

17 昭和6年4月27日　　　　61-63頁　　　昭和6年2月26日附在バンコック高津領事報告　　　　鑛業
　シャム鑛産額及鑛業に關する諸種統計（佛暦二四七〇年）

17 昭和6年4月27日　　　　63-67頁　　　昭和5年12月24日附在バンコック高津領事報告　　　　貿易
　バンコック港貿易概況（一九三〇年四月－九月）

17 昭和6年4月27日　　　　81-82頁　　　昭和6年3月25日著在バンコック高津領事報告　　　　商品
　バンコック麥酒市況

19 昭和6年5月11日　　　　89頁　　　昭和6年4月7日著在バンコック帝國領事舘報告　　　　紹介
　歯科材料取扱商（バンコック）

20 昭和6年5月18日　　　　75-76頁　　　昭和6年4月16日著在シャム高津臨時代理公使報告　　　　外國法規
　シャム國庫手持銀貨賣出勅令公布

21 昭和6年5月25日　　　　27-28頁　　　昭和6年5月9日著在バンコック高津領事報告　　　　貿易
　シャム國の貿易と商業

22 昭和6年6月1日　　　　77-79頁　　　昭和6年4月27日著在バンコック高津領事報告　　　　鑛業
　シャム國鑛産額竝鑛業の諸統計（佛暦二四七一年）

22 昭和6年6月1日　　　　86頁　　　昭和6年5月9日著在バンコック高津領事報告　　　　外國法規
　シャム國商標法公布

第4第3
昭和6年7月－9月

29 昭和6年7月20日　　　　28-33頁　　　昭和6年5月25日附同7月1日附在バンコック高津領事報告　　　　貿易
　バンコック港貿易概況（一九三〇－三一年）

30 昭和6年7月27日　　　　70頁　　　昭和6年6月1日附同7月1日附在バンコック帝國領事館報告　　　　紹介
　萬年筆、鉛筆、文具雑具取扱商（バンコック）

31 昭和6年8月3日　　　　62-63頁　　　昭和6年6月11日附在バンコック高津領事報告　　　　關税及條約
　商品輸入手續上注意事項（シャム）

33 昭和6年8月17日　　　　70頁　　　昭和6年6月13日附在シャム高津臨時代理公使報告　　　　財政及經濟
　シャム國政府の外債募集説に對する同國大蔵大臣の談話

34 昭和6年8月24日　　　　53-54頁　　　昭和6年7月14日附在バンコック高津領事報告　　　　交通，保險，倉庫及港灣
　シャムの保險事業概況

35 昭和6年8月31日　　　　25-29頁　　　昭和6年7月16日附在バンコック高津領事報告　　　　商品
　鑵詰乳類需給状況（シャム）

36 昭和6年9月7日　　　　44頁　　　昭和6年7月15日附在バンコック高津領事報告　　　　關税及條約
　水牛の輸出解禁（シャム）

38 昭和6年9月21日	41-43頁	昭和6年7月17日附在バンコック高津領事報告		商品
米輸出概況（シャム）『自一九三〇年十二月至一九三一年二月』				
38 昭和6年9月21日	64-65頁	昭和6年7月11日附在バンコック高津領事報告		商業経理
シャム國の國際産錫制限協定加入				

第4第4
昭和6年10月－12月

40 昭和6年10月5日	電報3頁	昭和6年9月29日著在シャム矢田部特命全權公使電報		財政及經濟
シャム國の對ロンドン為替を對ニューヨークに乗替				
40 昭和6年10月5日	52-54頁	昭和6年8月15日附在バンコック高津領事報告		商品
日傘及象牙類需給状況（バンコック）				
41 昭和6年10月12日	38-41頁	昭和6年8月19日附在バンコック高津領事報告		商品
サロン類需給状況（バンコック）				
42 昭和6年10月19日	40-41頁	昭和6年8月29日附在バンコック高津領事報告		鑛業
鑛産額竝鑛業に關する諸種統計（シャム）『自一九二九年四月至一九三〇年三月』				
44 昭和6年11月2日	52-53頁	昭和6年8月25日附在シャム高津臨時代理公使報告		外國法規
シャムの國際産錫制限協定加入と國内法規制定				
45 昭和6年11月9日	電報2頁	昭和6年11月2日著在シャム矢田部特命全權公使電報		關税及條約
シャム國關税改正法實施				
45 昭和6年11月9日	63-64頁	昭和6年9月16日附在バンコック高津領事報告		商品
服地毛織物輸入状況（バンコック）				
46 昭和6年11月16日	33-34頁	昭和6年9月13日附在バンコック高津領事報告		商品
賣薬需給状況竝取扱商（バンコック）				
46 昭和6年11月16日	50-53頁	昭和6年7月18日附在バンコック高津領事報告		畜産業
シャムに於ける家畜と獣疫				
51 昭和6年12月21日	電報9頁	昭和6年12月15日著在シャム矢田部特命全權公使電報		財政及經濟
バンコック對日為替状況				

1932年（昭和7年）

第5年第1
昭和7年1月－3月

1 昭和7年1月11日	電報3頁	昭和6年12月15日著在矢田部特命全權公使電報		農業
シャム米作柄不良竝輸出餘力				
1 昭和7年1月11日	8-11頁	昭和6年11月5日附在シャム矢田部特命全權公使報告		關税及條約
シャムの關税改正				
3 昭和7年1月25日	4-6頁	昭和6年11月6日附在バンコック天田領事館事務代理報告		關税及條約
シャム輸入關税引上の影響に關する新聞論調及其本邦品に對する影響				
3 昭和7年1月25日	63-64頁	昭和6年11月20日附在バンコック帝国領事館報告		貿易
シャム對本邦重要貿易品價額統計（昭和5－6年）				
8 昭和7年2月29日	電報3頁	昭和7年2月23日著在矢田部特命全權公使電報		關税及條約
シャム關税定率法改訂				
8 昭和7年2月29日	1-4頁	昭和6年12月30日附在バンコック天田領事館事務代理報告		財政及經濟
バンコックに於ける排日貨状況				
9 昭和7年3月7日	36-38頁	（外務省通商局、バンコック高津領事報告）		商品
自動車使用状況（シャム）				
10 昭和7年3月14日	39頁	昭和7年1月26日附在バンコック天田領事館事務代理報告		財政及經濟
シャム國産品市價（バンコック）				
11 昭和7年3月21日	21-22頁	昭和7年1月30日附在バンコック天田領事館事務代理報告		貿易
バンコック港貿易概況（一九三一年）				
11 昭和7年3月21日	41頁	昭和7年1月13日附在バンコック天田領事館事務代理報告		關税及條約
シャム關税定率表適用に關する税關告示				
12 昭和7年3月28日	42-43頁	昭和7年2月1日附在バンコック天田領事館事務代理報告		商品
シャム米相場（一九三二年一月）				

第5年第2
昭和7年4月－6月

13 昭和7年4月4日　　　　2-13頁　　　　昭和7年1月26日附在バンコック天田領事館事務代理報告 シャム對日貿易状況（一九三〇－三一年）			貿易
15 昭和7年4月18日　　　電報1頁　　　昭和7年4月9日著在シャム矢田部特命全權公使電報 シャム米輸出餘力最終豫想			商品
15 昭和7年4月18日　　　　6-10頁　　　昭和7年2月27日附在シャム矢田部特命全權公使報告 シャム國改正關税定率法要領			關税及條約
15 昭和7年4月18日　　　　55-56頁　　　昭和7年3月3日附在バンコック加瀬領事代理報告 シャム國燐寸消費税法公布			外國法規
16 昭和7年4月25日　　　電報7頁　　　昭和7年4月22日著在シャム矢田部特命全權公使電報 セメント關税改正（シャム）			關税及條約
16 昭和7年4月25日　　　41-45頁　　　昭和7年1月26日附在バンコック天田領事館事務代理報告 シャム外國貿易状況（一九三〇－三一年）			貿易
16 昭和7年4月25日　　　55-57頁　　　昭和7年2月29日附在シャム矢田部特命全權公使報告 シャム國經濟に關する戴冠記念節勅語			財政及經濟
17 昭和7年5月2日　　　　36-37頁　　　昭和7年2月23日及3月1日附在シャム矢田部特命全權公使報告 シャム國メナン河口附近運河開發計畫			交通，保險，倉庫及港灣
21 昭和7年5月30日　　　電報1頁　　　昭和7年5月23日著在シャム矢田部特命全權公使電報 シャム貨平價切下の影響			財政及經濟
21 昭和7年5月30日　　　26-27頁　　　昭和7年4月11日附在バンコック加瀬領事代理報告 バンコックに於ける金利及金融機關			財政及經濟
23 昭和7年6月13日　　　54-55頁　　　昭和7年4月30日附在バンコック加瀬領事代理報告 米輸出額（バンコック）『一九三一年二月』			商品

第5年第3
昭和7年7月－9月

26 昭和7年7月4日　　　　36-37頁　　　昭和7年5月12日附在矢田部特命全權公使報告 シャム國金本位制停止及平價切下に關する声明			財政及經濟
27 昭和7年7月11日　　　電報1頁　　　昭和7年7月5日著在シャム矢田部特命全權公使電報 シャム國新政府財政方策に關する大蔵省の声明			財政及經濟
27 昭和7年7月11日　　　電報1頁　　　昭和7年6月29日著在シャム矢田部特命全權公使電報 シャム經濟情報			財政及經濟
27 昭和7年7月11日　　　29-30頁　　　昭和7年5月3日附在バンコック加瀬領事代理報告 セメント輸入税改正及消費税賦課（シャム）			關税及條約
27 昭和7年7月11日　　　53-55頁　　　昭和7年4月2日附在バンコック加瀬領事代理報告 バンコック港船舶出入状況（一九三〇－三一年）			交通，保險，倉庫及港灣
28 昭和7年7月18日　　　36-38頁　　　昭和7年5月30日附在バンコック加瀬領事代理報告 臺灣包種茶のシャム方面賣込策			商品
30 昭和7年8月1日　　　　30-33頁　　　昭和7年6月4日附在バンコック加瀬領事代理報告 バンコック港貿易概況（一九三二年三、四月）			貿易
30 昭和7年8月1日　　　　48-49頁　　　昭和7年6月1日附在シャム矢田部特命全權公使報告 メナン河口運河開鑿計畫土地保留令			外國法規
31 昭和7年8月8日　　　　電報1頁　　　昭和7年7月29日及同8月1日著在シャム矢田部特命全權公使電報 シャム國輸入葉煙草關税引下施行			關税及條約
31 昭和7年8月8日　　　　5-17頁　　　昭和7年4月2日附在バンコック加瀬領事代理報告 シャム國輸出入貿易概況（一九三〇－三一年）『其一』			貿易
32 昭和7年8月15日　　　27-37頁　　　昭和7年4月2日附在バンコック加瀬領事代理報告 シャム國輸出入貿易概況（一九三〇－三一年）『其二』			貿易
33 昭和7年8月22日　　　31-37頁　　　昭和7年4月2日附在バンコック加瀬領事代理報告 シャム國輸出入貿易概況（一九三〇－三一年）『其三』			貿易

| 34 昭和7年8月29日 | 54頁 | 昭和7年6月17日附在バンコック加瀬領事代理報告 | 商品 |
| 米輸出額（バンコック）『一九三二年三月』 | | | |

| 35 昭和7年9月5日 | 27-28頁 | 昭和7年7月18日附在バンコック加瀬領事代理報告 | 貿易 |
| バンコック港貿易概況（一九三二年五月） | | | |

| 36 昭和7年9月12日 | 電報2頁 | 昭和7年9月2日著在シャム矢田部特命全權公使電報 | 商品 |
| シャム米輸出餘力（八月一日現在） | | | |

| 37 昭和7年9月19日 | 74頁 | 昭和7年8月1日附在バンコック帝國領事舘報告 | 商品 |
| セメント輸出入額（シャム）『一九三二年六月』 | | | |

| 38 昭和7年9月26日 | 電報4頁 | 昭和7年9月20日著在シャム矢田部特命全權公使電報 | 農業 |
| シャム米植付面積 | | | |

| 38 昭和7年9月26日 | 43-44頁 | 昭和7年8月5日附在シャム矢田部特命全權公使報告 | 外國法規 |
| シャム國銀行及保險業法發布 | | | |

第5年第4
昭和7年10月—12月

| 39 昭和7年10月3日 | 14-23頁 | 昭和7年7月27日附在シャム矢田部特命全權公使報告 | 貿易 |
| シャム市場に於ける日本商品の地位（其一） | | | |

| 40 昭和7年10月10日 | 23-25頁 | 昭和7年7月15日附在バンコック加瀬領事代理報告 | 貿易 |
| 諸外國品の最近支那市場進出狀況　（シャム） | | | |

| 40 昭和7年10月10日 | 25-35頁 | 昭和7年7月27日附在シャム矢田部特命全權公使報告 | 貿易 |
| シャム市場に於ける日本商品の地位（其二） | | | |

| 41 昭和7年10月17日 | 電報1頁 | 昭和7年10月11日著在バンコック矢田部特命全權公使電報 | 農業 |
| シャム米植付面積（一九三二年八月末現在） | | | |

| 41 昭和7年10月17日 | 32-43頁 | 昭和7年7月27日附在シャム矢田部特命全權公使報告 | 貿易 |
| シャム市場に於ける日本商品の地位（其三） | | | |

| 42 昭和7年10月24日 | 21-31頁 | 昭和7年7月27日附在シャム矢田部特命全權公使報告 | 貿易 |
| シャム市場に於ける日本商品の地位（其四） | | | |

| 42 昭和7年10月24日 | 46-49頁 | 昭和7年7月30日及同8月28日附在バンコック加瀬領事代理報告 | 商品 |
| 米輸出狀況（バンコック港）『一九三二年五、六月』 | | | |

| 43 昭和7年10月31日 | 10-11頁 | 昭和7年8月17日附在バンコック加瀬領事代理報告 | 貿易 |
| バンコック港貿易狀況（一九三二年六月） | | | |

| 43 昭和7年10月31日 | 67-68頁 | 昭和7年9月16日附在バンコック加瀬領事代理報告 | 商品 |
| セメント輸出入額（バンコック）『一九三二年七―八月』 | | | |

| 45 昭和7年11月14日 | 電報1頁 | 昭和7年11月7日著在シャム矢田部特命全權公使電報 | 農業 |
| シャム米作柄狀況（一九三二年九月末） | | | |

| 45 昭和7年11月14日 | 31-33頁 | 昭和7年9月12日附在バンコック加瀬領事代理報告 | 貿易 |
| バンコック港貿易狀況（一九三二年七月） | | | |

| 46 昭和7年11月21日 | 32-40頁 | 昭和7年8月25日附在シャム矢田部特命全權公使報告 | 林業 |
| シャム國唐木産出狀況 | | | |

| 48 昭和7年12月5日 | 22-24頁 | 昭和7年10月12日附在バンコック加瀬領事代理報告 | 貿易 |
| バンコック港貿易狀況（一九三二年八月） | | | |

| 48 昭和7年12月5日 | 55-57頁 | 昭和7年10月25日附在バンコック加瀬領事代理報告 | 工業 |
| シャム國酒造業 | | | |

| 50 昭和7年12月19日 | 電報1頁 | 昭和7年12月9日著在シャム矢田部特命全權公使電報 | 農業 |
| シャム米植付狀況（一九三二年十月末） | | | |

| 50 昭和7年12月19日 | 64-65頁 | 昭和7年10月12日附在バンコック帝國領事館報告 | 商品 |
| シャム米輸出額（一九三二年七月） | | | |

| 50 昭和7年12月19日 | 75-76頁 | 昭和7年10月18日附在バンコック帝國領事館報告 | 商品 |
| 洋灰輸出入統計（シャム）　（一九三二年八月及九月） | | | |

| 51 昭和7年12月26日 | 36-40頁 | 昭和7年11月9日附在シャム矢田部特命全權公使報告 | 商品 |
| 煙草需給狀況（シャム） | | | |

1933年（昭和8年）

第6年第1
昭和8年1月―3月

1 昭和8年1月9日　　　電報7頁　　　昭和8年1月15日著在シャム矢田部特命全權公使電報　　　農業
　シャム米作柄狀況（佛曆二四七五年）

1 昭和8年1月9日　　　78頁　　　昭和7年11月20日附在バンコック帝國領事館報告　　　商品
　洋灰輸出入額（シャム）『昭和七年九月及十月』

2 昭和8年1月16日　　　61-62頁　　　昭和7年11月20日附在バンコック加瀨領事代理報告　　　農業
　シャム國稻作狀況（一九三二年九月末現在）

2 昭和8年1月16日　　　62-63頁　　　昭和7年11月25日附在バンコック加瀨領事代理報告　　　商品
　シャム米輸出狀況（一九三二年八月）

3 昭和8年1月23日　　　20-23頁　　　昭和7年11月25日附在バンコック加瀨領事代理報告　　　商品
　燐寸需給狀況（シャム）

3 昭和8年1月23日　　　30-34頁　　　昭和7年10月26日附在シャム矢田部特命全權公使報告　　　財政及經濟
　シャムの最近農業救濟政策

3 昭和8年1月23日　　　52-53頁　　　昭和7年11月25日附在バンコック加瀨領事代理報告　　　商品
　シャム米輸出額（一九三二年九月）

3 昭和8年1月23日　　　53頁　　　昭和7年10月18日附在シャム矢田部特命全權公使報告　　　外國法規
　シャム國の農業諸種税低減

3 昭和8年1月23日　　　54頁　　　昭和7年12月8日附在バンコック加瀨領事代理報告　　　商品・紹介
　寫眞フイルム需要狀況竝取扱商（バンコック）

4 昭和8年1月30日　　　20-21頁　　　昭和7年11月28日附在バンコック加瀨領事代理報告　　　貿易
　バンコック港貿易概況（一九三二年九月）

4 昭和8年1月30日　　　39-40頁　　　昭和7年11月29日附在シャム矢田部特命全權公使報告　　　交通，保險，倉庫及港灣
　メナム河口運河開鑿計畫

5 昭和8年2月6日　　　16-18頁　　　昭和7年12月16日附在バンコック加瀨領事代理報告　　　貿易
　バンコック港貿易概況（一九三二年十一月）

5 昭和8年2月6日　　　51頁　　　昭和7年12月16日附在シャム矢田部特命全權公使報告　　　交通，保險，倉庫及港灣
　K，P，Mラインのアフリカ航路開始

5 昭和8年2月6日　　　65-66頁　　　昭和7年12月16日附在バンコック帝國領事館報告　　　商品
　洋灰輸出入統計（シャム）『一九三二年十月及十一月』

6 昭和8年2月13日　　　26-28頁　　　昭和7年12月23日附在バンコック加瀨領事代理報告　　　貿易
　シャム國貿易概況（一九三一―一三二年）

7 昭和8年2月20日　　　電報5頁　　　昭和8年2月16日著在シャム矢田部特命全權公使電報　　　農業
　シャム米作柄第二回豫想

8 昭和8年2月27日　　　51-52頁　　　昭和7年12月27日附在バンコック加瀨領事代理報告　　　商品
　シャム米輸出額　（バンコック）『一九三二年十月』

10 昭和8年3月13日　　　電報1-2頁　　　昭和8年3月5日著在シャム矢田部特命全權公使電報　　　關税及條約
　各國關税改正　シャム

11 昭和8年3月20日　　　13-15頁　　　昭和8年1月26日附在バンコック加瀨領事代理報告　　　貿易
　バンコック港貿易概況（一九三二年十一月）

11 昭和8年3月20日　　　65頁　　　昭和8年1月16日附在バンコック帝國領事館報告　　　紹介
　果物及野菜類輸入業者（バンコック）

12 昭和8年3月27日　　　18-20頁　　　昭和8年1月10日附在シャム矢田部特命全權公使報告　　　交通，保險，倉庫及港灣
　バンコック港メナム河口淺瀨浚渫計畫

第6年第2
昭和8年4月―6月

13 昭和8年4月3日　　　8-10頁　　　昭和8年1月4日附在シャム矢田部特命全權公使報告　　　財政及經濟
　シャム國の企業熱勃興情勢

14 昭和8年4月10日　　　72頁　　　昭和8年1月26日附在バンコック帝國領事館報告　　　商品
　洋灰輸出入統計（シャム）『一九三二年十一、十二月』

15 昭和8年4月17日　　　38-39頁　　　昭和8年2月20日附在バンコック加瀨領事代理報告　　　貿易
　バンコック港貿易概況（一九三二年）

15 昭和8年4月17日	60-61頁	昭和8年2月18日附在バンコック加瀬領事代理報告		商品
シャム米輸出状況（一九三二年十一月）				
15 昭和8年4月17日	67-68頁	昭和8年2月20日附在バンコック帝國領事館報告		貿易
バンコック港貿易統計（一九三二年十二 月）				
16 昭和8年4月24日	電報3頁	昭和8年4月20日著在シャム矢田部特命全權公使電報		農業
シャム米作柄第三回豫想（一九三二年度）				
16 昭和8年4月24日	8-10頁	昭和8年3月15日附在バンコック加瀬領事代理報告		貿易
バンコック港貿易概況（一九三三年一 月）				
16 昭和8年4月24日	52-53頁	昭和8年3月7日附在シャム矢田部特命全權公使報告		外國法規
シャム國の印紙税法制定計畫				
18 昭和8年5月8日	29-33頁	昭和8年3月13日附在シャム矢田部特命全權公使報告		關税及條約
シャム國新關税定率表				
18 昭和8年5月8日	60頁	昭和8年3月1日附在バンコック加瀬領事代理報告		外國法規
錫鑛採掘拂申請不受理の暹羅國農務省告示癈止				
18 昭和8年5月8日	60-61頁	昭和8年3月8日附在バンコック加瀬領事代理報告		商品
米輸出状況（シャム）『一九三二年十二月』				
19 昭和8年5月15日	7-12頁	昭和8年3月8日附在シャム矢田部特命全權公使報告		工業
諸外國絹業現況 （シャム）				
19 昭和8年5月15日	70-71頁	昭和8年3月8日附在バンコック帝國領事館報告		商品
洋灰輸出入統計（シャム）『一九三二年十二月及一九三三年一月』				
21 昭和8年5月29日	59頁	昭和8年3月20日附在シャム矢田部特命全權公使報告		關税及條約
シャム輸入關税引上に對する新聞論調				
22 昭和8年6月5日	28-31頁	昭和8年4月26日附在バンコック河野領事館代理報告		貿易
バンコック港貿易概況（一九三三年二 月）				
22 昭和8年6月5日	75頁	昭和8年3月22日及4月25日附在盤谷帝國領事館報告		商品
洋灰輸出入統計（シャム）『一九三三年二月及三月』				
23 昭和8年6月12日	43-45頁	昭和8年4月18日附在暹矢田部特命全權公使報告		財政及經濟
暹羅政府の經濟政策に關する声明書				
24 昭和8年6月19日	58-59頁	昭和8年4月18日附在暹矢田部特命全權公使報告		財政及經濟
暹羅國政府の經濟委員會設置				
25 昭和8年6月26日	54-55頁	昭和8年5月15日附在盤谷宮崎領事報告		商品
暹羅米相場（四月中）				

第６年第３
昭和8年7月―9月

26 昭和8年7月3日	52-53頁	昭和8年5月15日附在盤谷宮崎領事報告		財政及經濟
暹羅國産品の卸市價（盤谷市）				
27 昭和8年7月10日	70頁	昭和8年5月20日附在盤谷帝國領事館報告		商品
洋灰輸入國別統計（暹羅）（三月及四月）				
28 昭和8年7月17日	54-55頁	昭和8年5月27日及同31日附在盤谷宮崎領事報告		商品
米輸出額（暹羅）『二、三月』				
29 昭和8年7月24日	54頁	昭和8年6月12日附在盤谷宮崎領事報告		財政及經濟
暹羅國産品の卸市價（盤谷市）				
30 昭和8年7月31日	12-16頁	昭和8年6月6日及同9日附在盤谷宮崎領事報告		貿易
盤谷港貿易概況（三月及四月）				
32 昭和8年8月14日	電報5頁	昭和8年8月8日著在暹宮崎臨時代理公使電報		關税及條約
シガレットライター輸入税率改正（暹羅）				
32 昭和8年8月14日	53-54頁	昭和8年6月26日附在盤谷宮崎領事報告		商品
米輸出状況（暹羅）『一九三三年四月』				
34 昭和8年8月28日	67頁	昭和8年6月12日附在盤谷帝國領事館報告		紹介
眼鏡類取扱商（盤谷）				
38 昭和8年9月25日	22-24頁	昭和8年7月30日附在盤谷宮崎領事報告		貿易
盤谷港貿易概況（五月）				

38 昭和8年9月25日 洋灰輸出入統計（盤谷）『六月』	69頁	昭和8年7月30日附在盤谷帝國領事館報告		商品

第6年第4
昭和8年10月—12月

39 昭和8年10月2日 洋灰輸入税引上（暹羅）	電報2頁	昭和8年9月23日著在暹宮崎臨時代理公使電報		關税及條約
39 昭和8年10月2日 米輸出状況（盤谷）『五月』	59頁	昭和8年7月26日附在盤谷宮崎領事報告		商品
39 昭和8年10月2日 盤谷麥酒會社設立	59-60頁	昭和8年8月10日附在暹宮崎臨時代理公使報告		工業
39 昭和8年10月2日 暹羅國産卸市價（六月及七月各中旬）	60-61頁	昭和8年8月20日及同月24日附在暹宮崎臨時代理公使報告		財政及經濟
40 昭和8年10月9日 暹羅金融現況	電報4頁	昭和8年10月3日著在暹宮崎臨時代理公使電報		財政及經濟
42 昭和8年10月23日 米相場（盤谷）『六月一八月』	52-53頁	昭和8年8月29日及同9月1日附在盤谷宮崎領事報告		商品
42 昭和8年10月23日 米輸出額（盤谷）『六月』	53-54頁	昭和8年8月10日附在盤谷宮崎領事報告		商品
42 昭和8年10月23日 輸入商社名（盤谷）	80頁	昭和8年9月7日附在盤谷帝國領事館報告		紹介
43 昭和8年10月30日 米作柄状況（暹羅）『一九三三年度』	電報2頁	昭和8年10月26日著在暹宮崎臨時代理公使電報		農業
44 昭和8年11月6日 暹羅國産品卸市場（八月中旬）	43頁	昭和8年9月28日附在盤谷宮崎領事報告		財政及經濟
44 昭和8年11月6日 米相場（盤谷）『九月』	44頁	昭和8年9月29日附在盤谷宮崎領事報告		商品
44 昭和8年11月6日 米輸出状況（盤谷）『七月』	44-45頁	昭和8年9月28日附在盤谷宮崎領事報告		商品
44 昭和8年11月6日 自動車部分品取扱商（盤谷）	74頁	昭和8年9月7日附在盤谷帝國領事館報告		紹介
45 昭和8年11月13日 盤谷港貿易概況（六月及七月）	3-6頁	昭和8年9月9日附在盤谷宮崎領事報告		貿易
45 昭和8年11月13日 暹羅國産品卸市價（九月中旬）	56-57頁	昭和8年9月29日附在盤谷宮崎領事報告		財政及經濟
45 昭和8年11月13日 洋灰貿易國別統計（暹羅）『八月』	68-69頁	昭和8年9月28日附在盤谷帝國領事館報告		商品
45 昭和8年11月13日 電球類輸入業者（盤谷）	78-79頁	昭和8年9月25日附在盤谷帝國領事館報告		紹介
46 昭和8年11月20日 服地輸入商（盤谷）	69頁	昭和8年9月19日附在盤谷帝國領事館報告		紹介
48 昭和8年12月4日 貴金属装身具商（盤谷）	61頁	昭和8年9月15日附在盤谷帝國領事館報告		紹介
48 昭和8年12月4日 文房具輸入商（盤谷）	61頁	昭和8年9月13日附在盤谷帝國領事館報告		紹介
49 昭和8年12月11日 暹羅國新米植付状況（一九三四年度）	44頁	昭和8年10月28日附在盤谷宮崎領事報告		農業
49 昭和8年12月11日 米輸出状況（暹羅）『八月』	44-45頁	昭和8年10月30日附在盤谷帝國宮崎領事報告		商品
49 昭和8年12月11日 本邦製造業者と直接取引希望者（盤谷）	67頁	昭和8年10月25日附在盤谷帝國領事館報告		紹介
50 昭和8年12月18日 盤谷港貿易概況（八月）	20-21頁	昭和8年10月31日附在盤谷宮崎領事報告		貿易

50 昭和8年12月18日	55頁	昭和8年11月11日附在盤谷帝國總領事報告		商品
洋灰輸入國別統計（暹羅）（九月）				
50 昭和8年12月18日	61頁	昭和8年10月27日附在盤谷帝國領事館報告		紹介
本邦綿、毛及絹織物製造業者と直接取引希望者（盤谷）				
50 昭和8年12月18日	62頁	昭和8年10月9日附在盤谷帝國領事館報告		紹介
陶器類、玩具、絹物及雑貨輸入業者（盤谷）				
51 昭和8年12月25日	72頁	昭和8年11月11日附在盤谷帝國領事館報告		紹介
自動車及同附属品取扱業者（盤谷）				

1934年（昭和9年）

昭和9年第1
昭和9年1月—3月

1 昭和9年1月8日	80頁	昭和8年11月11日附在盤谷帝國領事館報告		紹介
皮革製品輸入業者（盤谷）				
3 昭和9年1月22日	11-12頁	昭和8年11月24日附在盤谷宮崎領事報告		貿易
盤谷港貿易概況（一九三三年九月）				
3 昭和9年1月22日	12頁	昭和8年12月5日附在盤谷宮崎領事報告		貿易
洋灰貿易國別統計（暹羅）『一九三三年十月』				
6 昭和9年2月12日	11-12頁	昭和8年12月14日附在盤谷，宮崎領事報告		貿易
盤谷港貿易品別統計（一九三三年十月）				
9 昭和9年3月5日	電報3頁	昭和9年9月28日著在暹，宮崎臨時代理公使電報		農業
暹米作柄豫想（第二回）				
9 昭和9年3月5日	19-20頁	昭和8年12月30日盤谷，宮崎領事報告		貿易
盤谷港貿易品別統計（一九三三年十二月及一月以降）				
9 昭和9年3月5日	20頁	昭和9年1月10日附在盤谷，岡崎領事報告		商品
洋灰輸入國別統計（暹羅）『一九三三年十月、十一月』				
12 昭和9年3月26日	9-11頁	昭和8年12月14日附在盤谷，宮崎領事報告		商品
洋灰市況（暹羅）				
12 昭和9年3月26日	11-13頁	昭和9年1月29日附在盤谷，宮崎領事報告		貿易
盤谷港貿易概況（一九三三年十二月）				
12 昭和9年3月26日	13-14頁	昭和9年1月27日附在盤谷，宮崎領事報告		商品
暹米輸出額（一九三三年十一月）				
12 昭和9年3月26日	14頁	昭和9年2月14日附在盤谷，宮崎領事報告		商品
洋灰輸出入港別統計（暹羅）（一九三三年十一，十二月）				

昭和9年第2
昭和9年4月—6月

13 昭和9年4月2日	78頁	昭和9年2月6日附在盤谷，帝國領事館報告		紹介
機械油類輸入業者（盤谷）				
15 昭和9年4月16日	電報1頁	昭和9年4月6日著在暹，宮崎臨時代理公使電報		農業
米作柄最終豫想（暹羅）				
15 昭和9年4月16日	68頁	昭和9年2月6日附在盤谷，帝國領事館報告		紹介
本邦品輸入業者（盤谷）				
17 昭和9年4月30日	19-21頁	昭和9年2月2日附在盤谷，宮崎領事報告		商品
曹達灰、苛性曹達及晒粉需給状況（暹羅）				
17 昭和9年4月30日	21-22頁	昭和9年3月15日及同16日附在盤谷，宮崎領事報告		財政及經濟
暹羅國産品卸市價（一九三四年一月及二月中旬）				
17 昭和9年4月30日	22頁	昭和9年3月19日附在盤谷，宮崎領事報告		商品
洋灰輸入統計（暹羅）『一九三四年一月』				
19 昭和9年5月14日	73頁	昭和9年3月22日附在盤谷，帝國領事館報告		紹介
本邦と取引希望者 （盤谷）				
20 昭和9年5月21日	19-20頁	昭和9年3月27日附在盤谷，宮崎領事報告		貿易
盤谷港貿易概況（一九三四年一月）				

20 昭和9年5月21日　　　20-21頁　　　昭和9年3月16日附在盤谷，宮崎領事報告　　　　　　　　　商品
　　米輸出状況（盤谷）『一九三三年十二月』

20 昭和9年5月21日　　　21頁　　　　昭和9年3月17日附在盤谷，宮崎領事報告　　　　　　　　　農業
　　米作柄第二回豫想（暹羅）

20 昭和9年5月21日　　　21-22頁　　　昭和9年3月30日附在盤谷，宮崎領事報告　　　　　　　　　財政及經濟
　　暹羅國産品卸市價（一九三四年三月中旬）

20 昭和9年5月21日　　　22頁　　　　昭和9年3月30日附在盤谷宮崎領事報告　　　　　　　　　　商品
　　洋灰輸入統計（盤谷）『二月』

20 昭和9年5月21日　　　66頁　　　　昭和9年3月19日附在盤谷，帝國領事館報告　　　　　　　　紹介
　　唐木類、歯科用器具類、自動車用オイル及綿麻布類其他輸入業者（盤谷）

23 昭和9年6月11日　　　76頁　　　　昭和9年4月18日附在盤谷，帝國領事館報告　　　　　　　　紹介
　　各種商品輸入商（盤谷）

24 昭和9年6月18日　　　35-36頁　　　昭和9年4月26日附在盤谷，宮崎領事報告　　　　　　　　　貿易
　　盤谷港貿易概況（二月）

24 昭和9年6月18日　　　36-37頁　　　昭和9年5月3日附在盤谷，宮崎領事報告　　　　　　　　　財政及經濟
　　暹羅國産品卸市價（四月中旬）

24 昭和9年6月18日　　　37頁　　　　昭和9年4月6日附在盤谷，宮崎領事報告　　　　　　　　　農業
　　暹米作柄第三回（最終）豫想

24 昭和9年6月18日　　　37-38頁　　　昭和9年4月20日附在盤谷，宮崎領事報告　　　　　　　　　商品
　　米輸出額（盤谷）『一九三四年一月』

24 昭和9年6月18日　　　38頁　　　　昭和9年5月8日附在盤谷，宮崎領事報告　　　　　　　　　商品
　　洋灰輸入統計（盤谷）『二、三月』

25 昭和9年6月25日　　　19-20頁　　　昭和9年5月16日附在盤谷，宮崎領事報告　　　　　　　　　貿易
　　盤谷港貿易概況（三月）

昭和9年第3
昭和9年7月―9月

30 昭和9年7月23日　　　21-22頁　　　昭和9年6月12日附在盤谷，宮崎領事報告　　　　　　　　　貿易
　　盤谷港貿易概況（四月）

36 昭和9年9月3日　　　33-35頁　　　昭和9年7月13日附在盤谷，宮崎領事報告　　　　　　　　　貿易
　　盤谷港貿易概況（五月）

36 昭和9年9月3日　　　35頁　　　　昭和9年6月30日附在盤谷，宮崎領事報告　　　　　　　　　財政及經濟
　　暹羅國産品の卸市價（五月中旬）

36 昭和9年9月3日　　　36頁　　　　昭和9年6月19日及7月17日附在盤谷，宮崎領事報告　　　　商品
　　洋灰貿易統計　『三月―五月』

36 昭和9年9月3日　　　36頁　　　　昭和9年7月31日附在盤谷，宮崎領事報告　　　　　　　　　商品
　　暹羅麥酒會社製麥酒販賣状況

38 昭和9年9月17日　　　17-19頁　　　昭和9年8月7日附在盤谷，宮崎領事報告　　　　　　　　　貿易
　　盤谷港貿易概況（六月）

38 昭和9年9月17日　　　19-20頁　　　昭和9年8月2日附在盤谷，宮崎領事報告　　　　　　　　　財政及經濟
　　暹羅國産品卸市價（七月中旬）

38 昭和9年9月17日　　　20頁　　　　昭和9年8月3日附在盤谷，宮崎領事報告　　　　　　　　　商品
　　米輸出統計（盤谷）『五月』

昭和9年第4
昭和9年10月―12月

41 昭和9年10月1日　　　71-72頁　　　昭和9年7月31日附在盤谷，帝國領事館報告　　　　　　　　紹介
　　本邦品取扱商社（暹羅）

47 昭和9年11月12日　　　33頁　　　　昭和9年7月31日附在盤谷，宮崎領事報告　　　　　　　　　商品
　　暹羅國鐵道の電気及蒸気機關車輸入状況

47 昭和9年11月12日　　　33-4頁　　　昭和9年9月18日附在盤谷，宮崎領事報告　　　　　　　　　財政及經濟
　　暹羅國産品卸市價（八月中旬）

47 昭和9年11月12日　　　34頁　　　　昭和9年8月17日及同18日附在盤谷，宮崎領事報告　　　　商品
　　洋灰輸入統計（盤谷）『六月―八月』

50 昭和9年11月26日　　　電報2頁　　　昭和9年11月20日附在暹, 矢田部特命全権公使電報　　　　　　　　農業
暹羅米植付状況（一九三四年度）

50 昭和9年11月26日　　　31-34頁　　　昭和9年10月6日附在盤谷, 宮崎領事報告　　　　　　　　　　　　　貿易
盤谷港貿易概況（七月及八月）

53 昭和9年12月17日　　　82頁　　　昭和9年10月25日附在盤谷帝國領事館報告　　　　　　　　　　　　紹介
古美術品取扱商（盤谷）

1935年（昭和10年）

昭和１０年上半期

3 昭和10年2月10日　　　13-17頁　　　昭和9年11月14日及同12月15日附在盤谷帝國領事館宮崎申郎報告　　　貿易
盤谷港貿易概況（一九三四年九月及十月）

3 昭和10年2月10日　　　17-18頁　　　昭和9年11月7日及同19日及12月12日同21日附在盤谷帝國領事　　　商品
宮崎申郎報告
洋灰貿易統計（暹羅）『六月ー十月』

4 昭和10年2月25日　　　29-30頁　　　昭和9年12月27日附在盤谷帝國領事館宮崎申郎報告　　　　　　　商品
毛織物輸入状況（暹羅）

7 昭和10年4月10日　　　27-32頁　　　昭和10年1月11日及同2月18日附在盤谷帝國領事館宮崎申郎報告　　貿易
盤谷港貿易状況（一九三四年十一月及十二月）

昭和１０年下半期

13 昭和10年7月10日　　　37-44頁　　　昭和10年3月13日及同4月24日竝5月31日附在盤谷帝國領事　　　貿易
宮崎申郎報告
盤谷港貿易状況（一九三五 年一月ー三月）

20 昭和10年10月25日　　　61-68頁　　　昭和10年6月6日及同7月17日竝8月15日附在盤谷帝國領事　　　貿易
宮崎申郎報告
盤谷港貿易統計（一九三五 年四月ー六月）

20 昭和10年10月25日　　　68-70頁　　　昭和10年7月20日附在暹帝國特命全権公使矢田部保吉報告　　　工業
暹羅製糖業竝新會社設立

1936年（昭和11年）

昭和１１年上半期

2 昭和11年1月25日　　　39-44頁　　　昭和10年11月6日附在盤谷帝國領事宮崎申郎報告及同年12月7日　貿易
附總領事森喬報告
盤谷港貿易状況（一九三五 年七月及八月）

3 昭和11年2月10日　　　15-27頁　　　昭和10年12月17日附在盤谷帝國總領事森喬報告　　　　　　　貿易
暹羅國對外及對日貿易年報（佛暦二四七七年）

3 昭和11年2月10日　　　27-28頁　　　昭和10年12月26日附在盤谷帝國總領事森喬報告　　　　　　　商品
米輸出状況（暹羅）『自一九三四年十二月至一九三五年十一月』

6 昭和11年3月25日　　　61-68頁　　　昭和11年1月23日及同29日竝2月8日附在盤谷帝國總領事森喬報告　貿易
盤谷港貿易統計（一九三五 年九月ー十一月）

11 昭和11年6月10日　　　33-38頁　　　昭和11年3月26日及同日4月16日附在盤谷帝國總領事森喬報告　貿易
盤谷港貿易状況（一九三五 年十二月及一九三六年一月）

昭和１１年下半期

14 昭和11年7月25日　　　21-23頁　　　昭和11年5月11日附在盤谷帝國總領事森喬報告　　　　　　　貿易
盤谷港貿易状況（一九三六 年二月）

14 昭和11年7月25日　　　23-24頁　　　昭和11年5月18日附在盤谷帝國總領事森喬報告　　　　　　　外國法規
暹羅國胡椒輸出統制法

17 昭和11年9月10日　　　39-44頁　　　昭和11年6月6日及同7月13日附在盤谷帝國總領事森喬報告　　貿易
盤谷港貿易状況（一九三六 年三月及四月）

18 昭和11年9月25日　　　203-32頁　　　昭和10年12月26日附在暹帝國特命全権公使矢田部保吉報告　附録
暹羅國市場概觀

19 昭和11年10月10日　　　67-72頁　　　昭和11年7月13日及同8月14日附在盤谷帝國總領事森喬報告　貿易
盤谷貿易状況（一九三六 年四月及五月）

23 昭和11年12月10日　　　31-36頁　　　昭和11年9月9日及同10月20日附在盤谷帝國總領事森喬報告　貿易
盤谷港貿易状況（一九三六 年六月及七月）

1937年（昭和12年）

昭和１２年上半期

1 昭和12年1月10日　　　121-29頁　　昭和11年7月17日附在盤谷帝國總領事森喬報告　　　　　　附録
諸外國の絹及人絹織物需給状況（其一）暹羅國

3 昭和12年2月10日　　　49-54頁　　昭和11年11月10日及同12月28日附在盤谷帝國總領事森喬報告　　貿易
盤谷港貿易状況（一九三六 年八月及九月）

5 昭和12年3月10日　　　33-34頁　　昭和11年11月23日附在盤谷帝國總領事森喬報告　　　　　　貿易
暹羅對日重要貿易品統計（一九三五ー三六年）

5 昭和12年3月10日　　　34-36頁　　昭和12年1月26日附在盤谷帝國總領事森喬報告　　　　　　貿易
盤谷港貿易状況（一九三六 年十月）

11 昭和12年6月10日　　　25-30頁　　昭和12年3月10日及同4月10日附在盤谷帝國總領事森喬報告　　貿易
盤谷港貿易状況（一九三六 年十一月及十二月）

11 昭和12年6月10日　　　30-34頁　　昭和12年2月2日附在盤谷帝國總領事森喬報告　　　　　　財政及經濟
暹羅の農村副業奨勵案

12 昭和12年6月25日　　　13-30頁　　昭和12年4月10日附在盤谷帝國總領事森喬報告　　　　　　貿易
暹羅國貿易年報（一九三五年度）

昭和１２年下半期

14 昭和12年7月25日　　　27-32頁　　昭和12年5月12日及同29日附在盤谷帝國總領事森喬報告　　貿易
盤谷港貿易状況（一九三七 年一月及二月）

16 昭和12年8月25日　　　27-32頁　　昭和12年6月29日及同7月7日附在盤谷帝國總領事森喬報告　　貿易
盤谷港貿易統計（一九三七 年三月及四月）

23 昭和12年12月10日　　　172-73頁　　昭和12年1月15日附在盤谷帝國總領事森喬報告　　　　附録
諸外國の農業状態　暹羅

1938年（昭和13年）

昭和１３年上半期

2 昭和13年1月25日　　　61-68頁　　昭和12年9月4日及同11月5日，12月3日附在盤谷帝國總領事　　貿易
伊藤隆治報告
盤谷港貿易統計（一九三七 年五月ー七月）

4 昭和13年2月25日　　　35-42頁　　昭和13年1月4日及同6日附在盤谷帝國總領事伊藤隆治報告　　貿易
盤谷港貿易統計（一九三七 年八月ー十月）

5 昭和13年3月10日　　　51-80頁　　昭和13年1月12日附在盤谷帝國總領事伊藤隆治報告　　　貿易
暹羅貿易年報（佛暦二四七九年度）

10 昭和13年5月25日　　　31-38頁　　昭和13年3月25日及同29日附在盤谷帝國總領事伊藤隆治報告　貿易
盤谷港貿易統計（一九三七 年十一月ー一九三八年一月）

12 昭和13年6月25日　　　34-36頁　　昭和13年5月6日附在盤谷帝國總領事伊藤隆治報告　　　貿易
盤谷港貿易概況　　（一九三八年二月）

昭和１３年下半期

17 昭和13年9月10日　　　87-89頁　　昭和13年7月9日附在盤谷帝國總領事伊藤隆治報告　　　貿易
盤谷港海外貿易（一九三八年四月）

1939年（昭和14年）

昭和１４年上半期

2 昭和14年1月25日　　　1-8頁　　昭和13年12月17日附在盤谷帝國總領事高瀬眞一報告　　　貿易
日支事變が暹羅對外貿易に及ぼせる影響

2 昭和14年1月25日　　　46-47頁　　昭和13年11月28日附在盤谷帝國總領事高瀬眞一報告　　　貿易
暹羅國外國貿易年報（佛暦二四八〇年自昭和十二年四月至昭和十三年三月）

3 昭和14年2月10日　　　56-58頁　　昭和13年12月12日附在盤谷帝國總領事高瀬眞一報告　　　貿易
盤谷港外國貿易統計表（一九三八年九月）

5 昭和14年3月10日　　　14-16頁　　昭和14年1月20日附在盤谷帝國總領事高瀬眞一報告　　　貿易
盤谷港外國貿易概況　　（一九三八年十月）

7 昭和14年4月10日　　　10-22頁　　昭和14年3月1日附在暹羅帝國特命全權公使村井倉松報告　　貿易
暹羅國外國貿易年報（自一九三七年四月至一九三八年三月）

7 昭和14年4月10日　　　22-24頁　　昭和14年2月27日附在盤谷帝國總領事高瀬眞一報告　　　貿易
盤谷港貿易概況（一九三八年十一月）

10 昭和14年5月25日　　47-50頁　　昭和14年4月7日附在盤谷帝國總領事高瀬眞一報告　　　　　　　貿易
　　盤谷貿易狀況（一九三八年十二月）

12 昭和14年6月25日　　15-18頁　　昭和14年4月22日附在盤谷帝國總領事高瀬眞一報告　　　　　　貿易
　　盤谷港に於ける貿易額（一九三九年一月）

昭和１４年下半期

14 昭和14年7月25日　　34-37頁　　昭和14年6月2日附在盤谷帝國總領事高瀬眞一報告　　　　　　　貿易
　　盤谷港貿易概況（一九三九年二月）

14 昭和14年7月25日　　37-40頁　　昭和14年6月16日附在盤谷帝國總領事高瀬眞一報告　　　　　　貿易
　　盤谷港貿易概況（一九三九年三月）

18 昭和14年9月25日　　39-42頁　　昭和14年7月26日附在盤谷帝國總領事高瀬眞一報告　　　　　　貿易
　　盤谷港貿易概況（一九三九年四月）

20 昭和14年10月25日　　96-99頁　　昭和14年9月12日附在盤谷帝國總領事代理笠原太郎報告　　　　貿易
　　盤谷港貿易概況（一九三九年五月）

20 昭和14年10月25日　　100頁　　昭和14年9月4日附在盤谷帝國總領事代理笠原太郎報告　　　　　　貿易
　　盤谷港暹羅米輸出額狀況（一九三九年三月）

20 昭和14年10月25日　　101頁　　昭和14年9月4日附在盤谷帝國總領事代理笠原太郎報告　　　　　　商品
　　暹羅米相場概況（一九三九年七月）

23 昭和14年12月10日　　27-30頁　　昭和14年10月12日附在盤谷帝國總領事代理笠原太郎報告　　　　貿易
　　盤谷港貿易概況（一九三九年六月）

1940年（昭和15年）

昭和１５年上半期

9 昭和15年5月10日　　1-61頁　　昭和15年3月5日附在盤谷帝國總領事淺田俊介報告　　　　　　　　貿易
　　泰國外國貿易概況［佛歴二四八一年（自一九三八年四月至一九三九年三月）］

9 昭和15年5月10日　　62-66頁　　昭和15年2月13日附在盤谷帝國總領事代理笠原太郎報告　　　　　貿易
　　盤谷港貿易概況（一九三九年十月）

10 昭和15年5月25日　　40-43頁　　昭和15年3月14日附在盤谷帝國總領事淺田俊介報告　　　　　　　貿易
　　盤谷港貿易概況（一九三九年十一月）

昭和１５年下半期

13 昭和15年7月10日　　41-44頁　　昭和15年5月3日附在盤谷帝國總領事淺田俊介報告　　　　　　　　貿易
　　盤谷港貿易概況（一九三九年十二月）

16 昭和15年8月25日　　86-89頁　　昭和15年5月24日附在盤谷帝國總領事淺田俊介報告　　　　　　　貿易
　　盤谷港貿易概況（一九四〇年一月）

16 昭和15年8月25日　　90-93頁　　昭和15年6月8日附在盤谷帝國總領事淺田俊介報告　　　　　　　　貿易
　　盤谷港貿易概況（一九四〇年二月）

18 昭和15年9月25日　　90-97頁　　昭和15年7月11日附在盤谷帝國總領事淺田俊介報告　　　　　　　貿易
　　盤谷港貿易概況（一九四〇年三月）

19 昭和15年10月10日　　3-96頁　　昭和15年7月5日附在泰帝國臨時代理公使淺田俊介報告　　　　　　商品
　　最近泰市場に於ける日本商品の地位

21 昭和15年11月10日　　28-35頁　　昭和15年7月22日附在盤谷帝國總領事淺田俊介報告　　　　　　　貿易
　　盤谷港貿易概況（一九四〇年四月）

21 昭和15年11月10日　　36-43頁　　昭和15年8月21日附在盤谷帝國總領事淺田俊介報告　　　　　　　貿易
　　盤谷港貿易概況（一九四〇年五月）

21 昭和15年11月10日　　44-49頁　　昭和15年8月16日附在盤谷帝國總領事淺田俊介報告　　　　　　　貿易
　　盤谷港輸入統計（一九四〇年六月）

1941年（昭和16年）

昭和１６年上半期

4 昭和16年2月25日　　115-82頁　　外務省通商局（第4號附録）　　　　　　　　　　　　　　　　　貿易
　　一九三八年泰國對外貿易統計

8 昭和16年4月25日　　87-93頁　　昭和15年9月28日附在盤谷帝國總領事淺田俊介報告　　　　　　　　貿易
　　盤谷港貿易概況（一九四〇年六月）

8 昭和16年4月25日　　　94-99頁　　昭和15年11月25日附在盤谷帝國總領事淺田俊介報告　　　　貿易
盤谷港貿易概況（一九四〇年七月）

8 昭和16年4月25日　　　100-6頁　　昭和16年1月31日附在盤谷帝國總領事淺田俊介報告　　　　貿易
盤谷港貿易概況（一九四〇年八月）

8 昭和16年4月25日　　　107-13頁　　昭和16年2月27日附在盤谷帝國總領事淺田俊介報告　　　　貿易
盤谷港貿易概況（一九四〇年九月）

9 昭和16年5月10日　　　75-80頁　　昭和16年4月9日附在盤谷帝國總領事武田俊介報告　　　　貿易
盤谷港貿易概況（一九四〇年十月）

10 昭和16年5月25日　　　34-42頁　　昭和15年9月26日附在盤谷帝國總領事淺田俊介報告　　　　貿易
盤谷輸入統計（一九四〇年七月）

10 昭和16年5月25日　　　43-50頁　　昭和15年11月6日附在盤谷帝國總領事淺田俊介報告　　　　貿易
盤谷輸入統計（一九四〇年八月）

10 昭和16年5月25日　　　51-57頁　　昭和15年11月29日附在盤谷帝國總領事淺田俊介報告　　　　貿易
盤谷輸入統計（一九四〇年九月）

12 昭和16年6月25日　　　44-49頁　　昭和16年5月8日附在盤谷帝國總領事淺田俊介報告　　　　貿易
盤谷港貿易概況（一九四〇年十一月）

昭和１６年下半期

15 昭和16年8月10日　　　23-25頁　　昭和16年6月14日附在バンコック帝國總領事淺田俊介報告　　　　貿易
バンコック港貿易概況（一九四〇年十二月）

15 昭和16年8月10日　　　26-27頁　　昭和16年6月14日附在バンコック帝國總領事淺田俊介報告　　　　貿易
バンコック港貿易概況（一九四一年一月）

1942年（昭和17年）

昭和１７年上半期

2 昭和17年1月25日　　　48-54頁　　昭和16年9月2日附在バンコック帝國總領事淺田俊介報告　　　　貿易
タイ國バンコック貿易概況（一九四一年一月）

1943年（昭和18年）

昭和１８年上半期

2 昭和18年2月10日　　　19-36頁　　特命全權大使坪上卓二報告　　　　財政及經濟
タイ國經濟概況

6 昭和18年6月10日　　　55-85頁　　通商局　　　　財政及經濟
タイ國經濟概況（昭和十七年十二月）

1.「領事報告」地名索引

数字は発行年月日（18990218は、1899年2月18日）

あ行

アフリカ	19330206					
安南	1885下半期					
インド(印度)	19060828	19220907	19290909			
インドシナ(印度支那)	18990408	18990508	19060918	19110125	19110805	19120610
	19210718					
英国	19210905	19220424				
英国緬甸（ビルマ）	19010725					
欧州	19141210					
欧米諸国	19310309					
オランダ	19301124					

か行

ケタ（ケダ）	19010125	19010725	19070403
ケランタン王国	19101220		
コサムイ島（サムイ島）	19120610		
コラート	19191117		

さ行

サイゴン(西貢)	19070703	19071003	19071108	19071128	19120725
支那（シナ）	19220713	19250927			
下緬甸（ビルマ）	19030205				
シャム(暹羅)海	19160706				
シャム(暹羅)北部	19210124				
シャム(暹羅)湾	19120810	19160127			
ジャワ(爪哇)	18990918				
シンガポール(新嘉坡)	19010725	19111205	19191009		
シンゴラ	19010125				
清国	19060918	19080203			
汕頭	19060803	19130605	19180307	19180520	

た行

対独	19200122				
対日	19290430	19300331	19301201	19311221	19320404	19360210
	19370310				
タチン（ターチーン鉄道）	19050228				
タボイ	19160828				

95

チェンマイ	18990118	19121110				
チャンタブリー州	19120615					
チャンタブーン（チャンタブリー）	19081108					
デンマーク	19301013					
独（ドイツ）	19200122	19310309				
独墺	19190609					
トンキン（東京）	18990508					

な行

南清	19030908	19060828				
南洋	19140427	19140430	19140504	19140507	19140511	19140521
	19140528	19140604	19140615	19140618	19140622	19300630
日英米	19220615					
日支	19390125					
日暹	18990528	19240327	19240519			
日本	19080928	19130728	19170716	19321003	19321010	19321017
	19321024					
ニューヨーク	19311005					

は行

パクナムポー	19080318					
パナマ（巴奈馬）	19140409					

バンコク（盤谷）

	18961201	18990218	18990228	18990328	18990808	19000810	19010325
19010331	19010525	1901025	19010725	19010810	19011125	19020210	19020510
19020821	19021009	19021218	19030115	19030908	19040713	19041114	19050228
19050313	19050428	19050513	19050818	19051118	19060313	19060525	19060718
19060723	19060803	19060918	19061203	19070118	19070203	19070323	19070418
19080118	19080318	19080428	19080528	19080818	19090805	19091120	19100225
19100310	19100425	19101005	19101120	19101210	19110125	19110705	19110820
19110905	19111025	19111205	19120320	19120620	19120725	19120820	19121025
19121205	19131006	19131009	19140409	19140416	19140423	19140507	19140713
19140921	19141015	19141102	19141210	19141228	19150121	19150323	19150510
19151122	19160124	19160207	19160217	19160221	19160306	19160330	19160817
19160907	19160911	19161009	19161120	19170319	19170524	19170716	19170906
19170927	19180401	19180506	19180520	19180729	19181118	19181205	19181219
19190317	19190424	19190508	19190602	19190609	19190626	19190630	19190707
19190710	19190724	19191117	19191120	19200209	19200809	19210110	19210124
19210606	19210627	19210714	19210718	19211114	19211128	19211205	19211208
19220213	19220330	19220406	19220515	19220615	19220706	19220921	19221116
19230315	19230326	19230402	19230405	19230412	19230419	19230426	19230514
19230524	19230604	19230621	19230628	19230705	19230716	19230719	19230726
19230731	19230809	19231015	19231018	19231022	19231025	19231029	19231108
19231112	19231115	19231129	19231206	19231210	19231217	19240110	19240114
19240121	19240131	19240207	19240212	19240214	19240221	19240225	19240228
19240306	19240313	19240317	19240320	19240327	19240404	19240410	19240417
19240424	19240505	19240703	19240710	19240724	19240728	19240731	19240804
19240828	19240908	19240911	19240915	19240922	19241103	19241110	19241113
19241124	19241127	19241211	19241222	19241225	19250112	19250130	19250203
19250205	19250206	19250213	19250216	19250221	19250225	19250227	19250228

	19250303	19250304	19250306	19250313	19250320	19250327	19250404	19250410
	19250417	19250423	19250424	19250501	19250508	19250515	19250520	19250522
	19250529	19250605	19250609	19250612	19250619	19250620	19250626	19250703
	19250704	19250713	19250717	19250723	19250725	19250803	19250808	19250815
	19250821	19250829	19250905	19250910	19250912	19250919	19250926	19251001
	19251003	19251015	19251027	19251109	19251121	19251124	19251125	19251212
	19251215	19251216	19260104	19260106	19260123	19260127	19260308	19260310
	19260315	19260324	19260405	19260413	19260420	19260426	19260503	19260512
	19260513	19260514	19260527	19260607	19260611	19260619	19260623	19260629
	19260707	19260709	19260717	19260719	19260720	19260723	19260727	19260812
	19260816	19260830	19260903	19260916	19260920	19260929	19261002	19261016
	19261022	19261023	19261101	19261113	19261116	19261126	19261129	19261207
	19261209	19261221	19270108	19270124	19270201	19270214	19270302	19270305
	19270307	19270310	19270314	19270316	19270329	19270401	19270405	19270408
	19270420	19270430	19270519	19270520	19270524	19270531	19270614	19270616
	19270618	19270712	19270716	19270718	19270726	19270727	19270809	19270813
	19270815	19270820	19270822	19270906	19270909	19270912	19270917	19270919
	19271008	19271021	19271027	19271028	19271107	19271110	19271116	19271125
	19271201	19271205	19271207	19271222	19271223	19271226	19280107	19280110
	19280119	19280125	19280128	19280130	19280213	19280220	19280222	19280228
	19280315	19280320	19280328	19280330	19280604	19281224	19290204	19290311
	19290325	19290506	19290527	19290617	19290909	19290916	19290924	19291021
	19300217	19300331	19300505	19300602	19300616	19300922	19301013	19301124
	19310126	19310427	19310511	19310727	19311005	19311012	19311109	19311116
	19311221	19320229	19320314	19320530	19320613	19320829	19321031	19330123
	19330227	19330320	19330828	19330925	19331002	19331023	19331106	19331113
	19331120	19331204	19331211	19331218	19331225	19340108	19340402	19340416
	19340514	19340521	19340611	19340618	19340917	19341112	19341217	19361010
	19410525	19420125						
バンコク（盤谷）港			18980908	19010725	19080603	19080708	19090128	19090318
	19090413	19090720	19090805	19090920	19091025	19091201	19091205	19100120
	19100205	19100305	19100410	19100510	19100610	19100710	19100905	19101115
	19101120	19101125	19101220	19110120	19110205	19110220	19110325	19110501
	19110610	19110620	19110710	19110820	19110915	19111015	19111115	19111210
	19111220	19120205	19120315	19120415	19120515	19120705	19120725	19121120
	19151122	19160904	19180429	19180923	19210328	19210502	19210602	19210707
	19210808	19210829	19211121	19220119	19220518	19220703	19220810	19220914
	19221023	19221221	19230125	19230712	19230827	19231001	19231112	19240121
	19250217	19280107	19280702	19281217	19300113	19300818	19310427	19310720
	19320321	19320711	19320801	19320905	19321024	19321031	19321114	19321205
	19330130	19330206	19330320	19330327	19330417	19330424	19330605	19330731
	19330925	19331113	19331218	19340122	19340212	19340305	19340326	19340521
	19340618	19340625	19340723	19340903	19340917	19341126	19350210	19350410
	19350710	19351025	19360125	19360325	19360610	19360725	19360910	19361010
	19361210	19370210	19370310	19370610	19370725	19370825	19380125	19380225
	19380525	19380625	19380910	19390210	19390310	19390410	19390625	19390725
	19390925	19391025	19391210	19400510	19400525	19400710	19400825	19400925
	19401110	19410425	19410510	19410625	19410810			
盤谷市			19090910					
盤谷州			19091125					
ピッサ（ア）ヌローク			19080318	19140115	19210421	19210606	19211006	19211121
			19211219					
ビルマ（緬甸）			18890427	19010725	19021113	19091105	19120920	19160828
プーケット			19250424					
フォークランド群島			19020717					
仏国			18990328					

仏領印度支那	18990508	19001110	19010410	19011210	19070723	19120920
仏領カンボヂャ	19190710					
仏領交趾支那（コーチシナ）	19120515					
仏領東京（トンキン）	18990508					
仏領東京（トンキン）港	19070723					
米暹	19200715					
ペトリウ（チャチューンサオ）	19080318					
ペナン(彼南)	19010125	19030115	19180729			
北部暹羅（シャム）	19271016					
香港	19060718	19080428	19161221	19170201	19170409	19180520
	19181018	19210718	19220518	19220814		
本邦（日本）	19141116	19161207	19170319	19171108	19210606	19251013
	19260514	19280107	19290520	19320125	19331211	19331218

ま行

馬来半島	19160821	
メクロング（メークローン川）	19051018	

ら行

ラングーン	18970104	18990318
ラングーン港	18990208	
蘭領東インド （インドネシア）	19301124	
ロンドン	19311005	

2.「領事報告」事項索引

数字は発行年月日（18990218は、1899年2月18日）

あ行

亜鉛引鉄板	19271201					
悪疫	19130605					
浅瀬	19330327					
麻袋	18990628	19000810				
麻ホース	19290325					
アスファルト	19300331					
油種子	19221023					
アフリカ航路	19330206					
阿片	19121125	19140226				
阿片専売	19040313					
アルミニューム製品	19291007					
安息香（あんそくこう）	19130821	19131009				
イーストアジアチックコンパニー（東亜商会）	19120610					
医師開業規則	19240707					
板紙	19150121					
稲植付	19220828					
稲作　（暹羅）	19120820 19191113	19130918	19151011	19151118	19160110	19160427	19161030
稲作柄	19221026					
稲作状況　（暹羅）	19191208 19211006 19300210	19200202 19211117 19330116	19200322 19211121	19201007 19211219	19201111 19221009	19210421 19221109	19210606 19231022
稲作米	19260916					
稲作面積	19161030					
移民法	19220713					
鰛（いわし）缶詰	19280130					
印刷諸機械	19300428					
印刷物	19180520					
印紙税法	19330424					
印度支那航運会社	19210718					
印度商人	19290909					
飲料	19250719					
売込策	19320718					
売控え	19120501					

99

ウルフラム会社	19160828						
運河開墾計画	19320502	19320801	19330130				
運賃	19190428						
運動具商	19260413						
営業規則	19021009						
英国人登録	19000825						
英商協会	19260122						
疫病	19021218						
円為替	19250628						
沿岸漁業	19050513						
沿岸航路	19111205						
塩魚（えんぎょ）	19251001						
鉛筆	19260515	19310727					
黄鉛鉱	19110905						
大蔵省	19211124	19310209	19320711				
大蔵大臣	19310817						
岡田農事試験場	19111210						
押絵	19110705						
卸市価	19330703	19330724	19331002	19331113	19340430	19340521	19340618
	19340903	19340917	19341112				
卸市場	19331106						

か行

カード用紙	19160217					
海運	19160904	19170319	19180923	19240424		
海運界	19160904	19170319				
海運業	19160127					
海外在留本邦人数	19140209					
海外貿易	19380910					
海外輸出入	18940920					
外国人	19070403					
外国貿易	19030508	19270731				
外国貿易概況	19310420	19390310	19400510			
外国貿易概報	19080603	19120610				
外国貿易状況	19320425					
外国貿易統計表	19390210					
外国貿易年報	18961102	19170524	19180401	19210726	19270515	19390410

外国郵便税率	19040718	19071028	19090925				
外債	19310817						
会社法の制定	19111105						
海賊船	19160706						
懐中電灯	19150330	19160330					
開店者	19170312						
外米産地相場	19250112						
外米相場　（暹羅）	19240717	19240818					
外米相場（盤谷）	19240228	19240306	19240313	19240317	19240320	19240327	19240404
	19240703	19240710	19240724	19240731	19240828	19240908	19240915
	19240922	19250130	19250205	19250216	19250225	19250228	19250424
菓子	19211114						
楮　（かじ）	19221016						
華商	19300526						
華暹通商輪船公司	19090720	19111205					
苛性（かせい）曹達（ソーダ）	19340430						
課税	18990628						
家畜	19311116						
楽器	19261027						
蚊取線香	19211128						
貨幣換算率	19030908						
貨幣法	19201011						
唐（から）木	19321121	19340521					
硝子（ガラス）紙	19140416						
硝子（ガラス）器	19220921						
硝子瓶	19290527						
花梨（かりん）材	19150503						
為替	19220202	19250628	19311005	19311221			
皮製品	19141116						
皮類	19261103						
官営鉄道	19190519						
灌漑	19130414	19260926					
眼鏡	19330828						
玩具	19331218						
官私設鉄道	19090218						
患者	19190424	19190508					

関税	19270826	19320111	19320125	19320425	19330313
関税改正	19310406	19320111	19320425	19330313	
関税改正法	19311109				
関税定率表	19320321	19330508			
関税定率法	19310209	19310330	19320229	19320418	
関税引上	19320125				
関税引下	19320808				
関税法	19270330	19270714	19271206		
関税率	19281217				
官設鉄道	19090605	19090920	19151115	19151129	19170531	19190710
艦船	19240313				
缶詰	19251001				
缶詰乳類	19310831				
寒天	19110405				
乾電池	19150330	19160330			
旱魃（かんばつ）	19110925				
機械油類	19340402				
機関車	19220504				
企業熱	19330403				
貴金属装身具商	19331204				
気候	19021218				
技手調査	19111210				
汽船会社	19180304	19220223			
汽船心得	19191106				
規則	19210207				
規定	19300127				
絹及人絹織物	19370110				
絹業	18990408	19330515			
絹物	19270906	19331218			
客車貨車用車輪	19211020				
牛疫	19141001	19141130	19150118	19150215	19150405
牛皮	19141130	19260115	19260118		
漁業	19030326	19050513			
漁網	19101210				
魚類	19171001	19250408			

魚類缶詰	19251001					
銀貨	19021204	19200129	19200329			
銀貨売出勅令	19310518					
金貨法	19220206					
金貨本位制	19030226	19030305				
金銀	19261022					
金銀箔	19110501					
銀行及保険業法	19320926					
金箔	19080713	19270125				
金本位制	19190825	19320704				
金融	19331009					
金融機関	19320530					
銀輸出禁止令	19170510	19170628	19170816			
金利	19320530					
苦力（クーリー）移民	19220713					
枸櫞（くえん）酸	19170906					
果物	19270820	19330320				
軍艦	19220424					
経営	19120610					
経営委任	19220223					
経営者	19090218					
計画	19330424					
経済委員会	19330619					
経済界	19310126					
経済概況	19301110	19420210	19420610	19430210	19430610	
経済事情	19271016					
経済情報	19320711					
経済政策	19330612					
経済的活動	19310309					
経済的重要性	19300630					
毛織物	19350225					
化粧石鹸	19261030					
Ｋ．Ｐ．Ｍライン	19330206					
検疫	19000725	19070703	19071003	19130605	19160522	19160828	19170409
	19180520	19181018	19190915	19191009	19220518	19220814

検疫規則	19011110	19020724	19030115	19030518	19031018	19040628	19041101
	19050213	19050423	19050718				
検閲規則要領	19170806						
減収	19131006						
建設業者	19300331						
絹布	19131013						
原料品	19250726						
コイヤン	19080328						
航海業	19120810						
鉱業	19040728	19141012	19220420	19261219	19310427	19310601	19311019
工業原料	19101005						
鉱業採掘権	19301027						
工具	19190911						
広告機関	19150510						
公債	19220109						
鉱産額	19310427	19310601	19311019				
鉱産物	19080523						
公衆通信	19190707						
鉱石	19300609						
交通	19101115						
公定相場	19230315						
鋼鉄製品	19140510	19260116					
公布	19170628	19190609	19270330	19310330	19310518	19310601	19320418
鉱務局	19301027						
航路	18990528	19010725	19030115	19060718	19060803	19111205	19141012
	19300115	19330205					
航路開始	19060718						
港務局	19080708						
虎疫（こえき）	19260623						
コカイン法	19140806						
国際産錫制限協定	19310921	19311102					
国産品	19320314	19330703	19330724	19331106	19331113	19340430	19340521
	19340618	19340903	19340917	19341112			
告示	19080708	19211124	19330508				
国死病（ペスト）	19230315						
黒檀（こくたん）	19140507						

黒檀（こくたん）材	19140507				
国内法規	19311102				
穀物商	19140713				
粉米（こごめ）	19140713				
胡椒（コショウ）	19360725				
胡椒（コショウ）栽培	19081108				
国境貿易	19021113	19120920			
国庫	19310518				
骨牌（こっぱい）	19210606				
古美術品	19341217				
小麦粉	19260707				
護謨（ゴム）栽培	19120520	19120615			
護謨（ゴム）事業	19120515				
米	19310330				
米植付状況	19321219	19331211	19341126		
米植付面積	19320926	19321017			
米売控え	19120501				
米買付商習慣	19290304				
米管理	19210110	19210328			
米管理規則	19210210				
米管理法	19200617				
米管理要領	19211018				
米近況	19120520				
米作柄	19250330	19270111	19270615	19300113	
米作柄不良	19320111				
米市況　（暹羅）	19130609	19130703	19130807	19220406	

米市況　（盤谷）	19240313	19250203	19250303	19250304	19250626	19250704
19250815	19250910	19251015	19251216	19260106	19260310	19260420	19260903
19261209	19270305	19270314	19270408	19270520	19270616	19270712	19270809
19270919	19271028	19310126					

米事情	19220131				
米実収高	19140702				
米仕向地別並品種別 輸出統計	19280709	19280820	19280924	19281210	
米仕向地別輸出数量	19280521				
米仕向地別輸出統計	19281001	19281008	19281105	19281210	

105

米収穫状況	19251214					
米収穫高	19160605	19161030	19170716	19170910	19181014	19231011
米収穫予想	19290204	19290422	19290506			
米商況　（暹羅）	18980528	19031013	19130918	19131009	19131110	19131208
19140115	19140212	19140223	19140416	19140528	19140608	19140716	19140810
19141001	19141008	19141112	19141210	19150118	19150215	19150311	19151011
19151018	19151021	19151122	19151220	19160120	19160217	19160316	19160413
19160511	19160619	19160731	19170903	19170927	19171115	19171224	19180826
19181028	19181118	19181223	19190303	19190327	19190410	19190428	19190710
19191208	19200322	19210407	19210512	19210721	19210915	19211013	19211128
19211212	19220206	19220223	19220508	19220615	19220703	19220814	19220911
19221023	19221225	19231203	19240814	19240915	19250311	19250413	
米商況　（盤谷）	19240417	19250423	19250520	19250620	19250723	19251109
米商勢	19220828					
米相場（暹羅）	19190707	19210808	19210815	19210822	19210905	19210908
19210915	19210922	19210929	19211006	19211013	19211020	19211027	19211103
19211110	19211117	19211124	19211208	19211215	19220109	19220316	19220323
19220119	19220123	19220130	19220209	19220220	19220223	19220302	19220306
19220406	19220410	19220424	19220427	19220511	19220515	19220522	19220529
19220605	19220615	19220622	1920629	19220703	19220720	19220727	19220803
19220810	19220817	19220821	19220901	19220907	19220914	19220918	19220928
19221005	19221009	19221016	19221026	19221102	19221130	19221214	19230115
19230122	19230215	19230319	19240811	19320328	19330626	19220713	19240811
米相場　（盤谷）	19190626	19190630	19230326	19230405	19230412	19230426
19230514	19230524	19230604	19230621	19230628	19230705	19230716	19230719
19230726	19230731	19230809	19231015	19231018	19231022	19231025	19231029
19231112	19231115	19231129	19231206	19231210	19231217	19240110	19240114
19240121	19240131	19240207	19240212	19240225	19241113	19241124	19241127
19241211	19241222	19241225	19250206	19250213	19250306	19250313	19250320
19250327	19250404	19250410	19250417	19250501	19250508	19250515	19250522
19250529	19250605	19250612	19250619	19250703	19250725	19250803	19250808
19250821	19250829	19250905	19250912	19250919	19250926	19251003	19251109
19251121	19251124	19251212	19251215	19260104	19260127	19260308	19260315
19260324	19260405	19260413	19260426	19260503	19260512	19260513	19260527
19260607	19260611	19260619	19260629	19260707	19260720	19260812	19260816
19260830	19260916	19260920	19260929	19261002	19261016	19261022	19261101
19261113	19261116	19261126	19261129	19261207	19261221	19270108	19270124
19270201	19270214	19270302	19270307	19270310	19270329	19270401	19270405
19270420	19270430	19270519	19270524	19270531	19270614	19270618	19270716
19270718	19270726	19270727	19270813	19270815	19270822	19270909	19270912
19270917	19270919	19271008	19271021	19271027	19271107	19271110	19271116
19271205	19271223	19271226	19280107	19280125	19280128	19280213	19280222
19280228	19280315	19280320	19280328	19280330	19331023	19331106	19210714
米相場概況	19391025					
米取引状況	19220508					
米の影響	18961201					
米の景況	18970104					
米の減収	19131006					
米標準	19270122					
米不振対策	19310216					
米本邦向輸出量	19260514					
米輸出	19180506	19230726	19231108	19250322	19251027	19251125
米輸出概況	19310921					

米輸出(価)額　（暹羅）	19170319	19290204	19321219	19330123	19330227	19330717	19340326
	19391025						
米輸出(価)額　（盤谷）	19280110	19290311	19320613	19320829	19331023	19340618	
米輸出管理	19210207						
米輸出禁止	19120601						
米輸出国別量額	19290506						
米輸出商	19260709						
米輸出状況　（暹羅）	19290902	19330116	19330417	19330508	19330814	19331211	19360210
米輸出状況　（盤谷）	19280220	19300331	19331002	19331106	19340521		
米輸出状況　（盤谷港）	19321024						
米輸出数量	19170319						
米輸出統計	19290218	19301124	19340917				
米輸出余力	19240728	19250322	19260916	19270111	19280124	19290506	
19300127　　19300217	19300303	19300407	19320111	19320418	19320912		
米輸出量	19130519	19251027	19260123	19260514			
米輸出量額	19290422						
コレラ（虎列刺）病	19190424	19190508					

さ行

財界	19310209					
柴棍（サイゴン）米況	18990328	18990418	18990508	18990608	18990628	18990728
18990818　　18990908	18991018	18991128	18991218	19000208	19030718	19030828
19031013　　19040328	19040413	19040423	19040628	19040808	19040818	19041119
19050108　　19050208	19050228	19050403	19050718	19050913	19051018	19051023
19051203　　19060118	19060213	19060308	19060323	19060328	19060428	19060608
19060713　　19060728	19060818	19060913	19061013	19061128	19070113	19070213
19070303　　19070323	19070408	19070428	19070528	19070628	19070803	19070913
19071003　　19071028	19080113	19080213	19080308	19080318	19080413	19080508
19080613　　19080708	19080918	19080923	19081108	19090108	19090203	19090223
19090313　　19090408	19090428	19090520	19090720	19090905	19090925	19091025
19091210　　19091220	19100205	19100225	19100325	19100505	19100520	19100705
19101020　　19110820	19120115					
西貢（サイゴン）米況	18990128	18990228	19030129	19111201	19120215	19120301
19120325　　19120425	19120515	19120610	19120801	19120910	19121001	19121101
19121205　　19130110	19130205	19130310	19130404	19130501		
西貢（サイゴン）商況	19021218					
西貢（サイゴン）米	19061008					
柴棍（サイゴン）米輸出	19050423					
財政	19141119	19301110	19310209			
財政方策	19320711					
在米高及輸出力	19120725					
再輸出	19000810					
在留支那人	19130201					
在留邦人	19070203	19070418				

在留本邦人	18990218	19001110	19010325	19010410	19010525	19010810
19011125　19020821	19050513	19051118	19060723	19071018	19080528	19090620
19100620						
在留蘭国臣民	19011110					
詐欺（さぎ）	19300526					
雑貨	19140713	19140921	19141116	19160124	19331218	
雑貨商	19140713	19150323				
砂糖	19161009					
晒（さらし）粉	19340430					
サロン	19311012					
産業	19101115	19270731				
蚕業（さんぎょう）局	19050808	19080808				
産業統計	19270619					
市価	19130519					
歯科材料	19310518					
歯科用器具	19340521					
シガレットライター	19330814					
事業	19300714					
時局	19040713					
資源	19270731	19300120				
嗜好（しこう）	19060108					
刺繍（ししゅう）品	19110705					
市場（暹羅）	19320815	19320822	19321003	19321010	19321017	19321024	19401010
市場概観	19360925					
紫檀（したん）材	19150503					
漆器	19130201					
自転車	19140423	19160124	19160907	19160911	19250205	19250609	19261101
	19271222	19280119	19280125				
自転車輸入業者	19250205					
自転車輸入商	19140423	19160124	19190707			
自動車	19221030	19320307	19331225			
自動車付属品	19280604	19331215				
自動車部分品	19331106					
自動車用オイル	19340521					
支那苦力（クーリー）	19220713					
支那事件	19250626					

支那市場	19321010				
支那労働者	19070623				
シフォン（絹モスリン）	19100310				
紙幣	19021106	19190317	19190428	19200329	19211124
紙幣条例	19021016	19061218			
紙幣兌換	19200329				
紙幣発行	19010510				
紙幣発行式	19021106				
紙幣発行準備高	19190428	19220202			
紙幣法	19201111	19210303			
酒類（しゅるい）	18990318				
諮問会	19310216				
暹貨	19230315				
借地契約	19070403				
車軸	19211020				
写真フィルム	19330123				
社説	19110125				
暹，緬国境貿易	19021113				
暹羅独墺間条約	19190609				
暹蘭約定	19011110				
車両	19260116				
車両軌条	19220330				
自由鋳造	19021204				
獣疫	19311116				
習慣	19060108				
縦貫鉄道工事	19160821				
銃器法	19140806				
修正令	19210303				
獣皮	19281224				
獣皮製品	19190904				
獣皮商	19290204				
重要貿易品	19300217	19301201	19320125	19370310	
酒造業	19321205				
出張所	19190602				
出入船舶	19010725	19180429	19240313		

種痘	19170201	19180307					
浚渫（しゅんせつ）計画	19330327						
商況	19300922						
商業	19210124	19310525					
商業会議所	18980528	19260514					
商業視察員	19080203						
商工業者	19181219						
商号法	19230104						
樟脳（しょうのう）	19271027						
消費税	19320418	19320711					
消費税法	19320418						
商標	19050523	19230104					
商標条例	19121205	19130115					
商標制度	19240612						
商標登録	19150225						
商標法	19310601						
商品	19050523	19310803	19340611				
商品原産地名	19300331						
商品見本	19271206						
錠前	19110405						
条約	19000825	19190609					
醬油（しょうゆ）	19110405						
職業別表	19050513	19051118	19060723	19070203	19070418	19071018	19080528
	19090620	19100620					
植物性諸油	19061113						
食料品	19250719						
商習慣	19090720						
除虫粉	19211128						
新会社設立	19351025						
人絹織物	19370110						
人口調査	19091125						
人口統計	19220706						
新航路	19030908	19060828	19060918				
新航路開始計画	19080428						
新穀収穫	19030205						

申告書	19300331						
清国商業視察員	19080203						
真珠貝採取業	19070723						
進出状況	19321010						
新定期航路	19010725						
新発行紙幣	19021106						
新聞	19310406						
新聞紙名	19150510						
新聞論調	19320125	19330529					
新米植付	19331211						
臣民	19180417						
人名録	19181219						
信用組合制度	19230219						
人力車	19021009	19140409	19190707				
水害	19171112	19171224					
水牛	19310907						
水牛皮	19260115	19260118					
水産　（南洋一暹羅）	19140427	19140430	19140504	19140507	19140511	19140521	19140528
	19140604	19140618	19140622				
水産業	19100725						
水道布設工事	19090910						
錫（スズ）鉱採掘	19330508						
錫（スズ）採掘権	19301027						
錫（スズ）産額	19120820						
錫（スズ）制限協定	19310921	19311102					
スチックラック	19060718						
スプーン	19260717	19260719					
税関告示	19320321						
税金	19000810						
税金割戻	19000810						
製紙原料	19211205						
製造業者	19181205	19331218					
製造工場	19091105						
製造所	19210627						
製造品	19250726	19250802					

製糖業	19220805	19351025				
政府	19210303	19310817	19320711	19330612	19330619	
声明	19210303	19310209	19320704	19320711		
声明書	19310209	19330612				
清涼飲料	19230402					
石炭	19091120	19151122	19160817			
石版石	19091120					
石盤(石)	19100605	19160221				
石鹸	19210912					
設立計画	19301013					
セメント	19180808 19320919	19190317 19321031	19210124	19221011	19280430	19320425 19320711
セメント会社	19151129					
線香	19110715					
船舶	19070703 19190915 19191009 19220518	19071003 19220814	19170319 19240313	19170409	19181018	19190428
船舶出入状況	19320711					
戦乱	19140810	19141210				
線路延長	19190519					
造花	19110705					
双眼鏡	19110405					
象牙	19311005					
装身具	19110405					
相場	19080328	19080818	19090128			
素麺（そうめん）	19261019					
曹達（ソーダ灰）	19340430					
測量	19220424					
蔬菜（そさい）類	19270820					
損害軽減策	19300526					

た行

対外貿易	19390125					
対外貿易額	19281217					
対外貿易状況	19290902	19290909				
対外貿易統計	19410225					
対外貿易年報	19360210					
戴冠記念節	19320425					

対独取引	19200122					
対日為替	19311221					
対日貿易額	19281217					
対日貿易状況	19320404					
対日貿易年報	19290430	19300331	19360210			
対日貿易品統計	19301201	19370310				
台湾銀行	19190602					
台湾包種茶（ほうしゅちゃ）	19320718					
タオル	19200209	19200303	19230419			
兌換	19190210	19190317	19190825	19200329	19210303	
竹繊維	19091105					
脱脂乳	19280423	19280604				
煙草（タバコ）	19290624	19321226				
タフエタ	19100310					
談話	19310817					
地位	19321003	19321010	19321017	19321024	19401010	
チーキ（チーク）	18890427	18990228	18990918	19020821	19070528	19100710	19120605
	19141102	19141228	19270316			
竹林	19091105					
地租	19060403	19060923				
地租改正	19060403					
地方官会議	19110820					
地方産出米	19071108					
注意事項	19310803					
調査	19050523	19050818	19061008	19070528	19071128	19091105	19100710
	19110405	19110715	19111215	19131009		
勅語	19320425					
直接航路	19030115					
直接取引希望者	19331211	19331218				
勅令	19000725	19190609	19200329	19200510		
勅令公布	19190609					
貯蔵会社	19300127					
貯蔵品	19221012					
通貨公定相場	19230315					
通過税	18980628					

通関手続	19130404						
通商禁止法	19170802						
通商航海条約	19240519						
黄楊（つげ）	19130821						
定航	19210718						
出稼支那労働者	19070623						
敵国人	19200329						
敵国臣民排斥	19190417						
手数料	19301027						
鉄橋工事（用）材料	19220518	19260515	19260520	19260526			
鉄橋部分品	19250110						
鉄道	19010725	19050228	19051018	19060428	19140216	19180729	19190710
	19210919	19271213	19291209	19341112			
鉄道院	19250225						
鉄道（の）延長	19210124						
鉄道開通	19050228	19080318					
鉄道貨車	19271213						
鉄道軌条	19250110						
鉄道業	18991128						
鉄道橋梁（上）部分品	19230726	19281203					
鉄道局	19191006	19211003	19211020	19220330	19220504	19220518	19221012
	19230726	19271010					
鉄道工事	19120810	19160821					
鉄道省	19251130	19260116					
鉄道線	19191117						
鉄道線路	19190519						
鉄道南部線	19170531						
鉄道南方線	19151115						
鉄道敷設	19051018						
鉄道北方線	19151129						
鉄道用貨車部分品	19250331						
鉄道用軌条	19191006						
鉄道工事用材料	19220518						
鉄道用材	19030803						
鉄道用品	19260324						

手拭地（てぬぐいじ）	19121205				
デリーメール	19110125	19110905			
電気及蒸気機関車	19341112				
電気業	19300210				
電球電気器具	19331113				
電信売買価格	19191208				
電信売買相場	19190915				
電信料（金）	19020717	19040718	19071028	19090925	19161120	19170716
電線	19010125	19151018			
天然痘	19161221				
澱粉	19120320				
デンマーク会社	19301013				
騰貴	19030428	19070323			
陶器	19200802	19331218			
糖業	19221120	19351025			
統計	19310427	19310601	19311019	19320125	
陶磁器	19121020	19290617	19290924	19300217	
銅真鍮（しんちゅう）	19150510				
灯台	19080708				
銅鉄製品	19150510				
糖蜜	19161009				
東洋各港	19120725				
戸口	19011125	19060413			
時計貴金属	19300602				
土地保留令	19320801				
独国汽船	19030908				
取扱業者	19150503	19331225			

取扱商	19121205	19131006	19140507	19140921	19141015	19141228
19150121	19150510	19151122	19160124	19160207	19160221	19160330	19160911
19161009	19170927	19200209	19210124	19211128	19210627	19211114	19220921
19230326	19230419	19260623	19260717	19280119	19280604	19300331	19300428
19300602	19300616	19310511	19310727	19311116	19330123	19330828	19331106
19341217							

取扱商社	19341001				
取締	19280423	19280604			
取引方注意	19290909				

取引希望者	19340514				
取引禁止	19200122				
度量衡	19140727				
ドロン、ウォーク（ドロンワーク）	19110705				
トングカー錫採掘会社	19120820				

な行

南部鉄道	19110725	19140216			
南部鉄道工事	19101115	19120810			
南方線　（鉄道）	19151115	19170531			
南方線工事（鉄道）	19090920				
南方鉄道	19161120				
荷造（にづくり）	19190626				
日支事変	19390125				
日暹通商航海条約	19240519				
日本商店	19140416				
日本商品	19321003	19321010	19321017	19321024	19400510
日本醤油	19110405				
日本人	19090308				
日本製燐寸（マッチ）	19070118				
日本売薬業	19070723				
日本燐寸（マッチ）	19141124				
日本郵船会社	19060718				

入札		19030803	19191006	19211003	19211020	19220330	19220504
	19220518	19221012	19230726	19250110	19250225	19250331	19251130	19260116
	19260324	19260515	19260520	19260526	19271010	19271201	19271213	19281203

乳製品	19231001				
乳類	19310831				
人情	19060108				
糠	19120620	19140713			
農業	19110125	19110805	19371210		
農業救済政策	19330123				
農業諸種税	19330123				
農作	19120916	19121025	19121120	19121215	
農作物	19130125	19170813			
農産物及商品共進会	19100425				

農事報告	19110125	19110205	19110225			
農商業共進会	19100725	19110205	19110620			
農村副業奨励策	19370610					
農務省	19330508					
農務省告示	19301027	19330508				
農務省令公布	19301027					

は行

バーツ（鉄貨，貨銖）	19030428	19040313	19070323	19190417	19190915	19191113
19191211　19211124						
バーツ銀	19111105					
廃棄	19190609					
排日貨	19320229					
売薬（業）	19120820	19311116				
白米	19080328					
博覧会	19140409	19250306				
刷毛（はけ）	19291021					
破産	19300526					
破産法	19080928					
葉煙草	19320808					
発布	19021009	19021016	19040628	19050423	19170802	19210303
19300127　19320926						
花火業	19020821					
パナマ帽	19131002					
刃物	19190911					
パルプ	19091105					
盤谷国際商業会議所	19190417					
盤谷市場	19080503	19090118	19290916			
盤谷出張所	19190602					
盤谷商業会議所	18980528					
盤谷調査	19110715					
盤谷デリーメール	19110125	19110905				
盤谷入港	19190428	19191106				
盤谷（バンコク）米価	19080203	19080608	19080723	19081103	19090308	
盤谷貿易	19070323					
販路維持策	19300707					

販路拡張策	19110405	19300707			
麦酒（ビール）	19061128	19260623	19261029	19310427	19340903
麦酒会社	19331002	19340903			
皮革（ひかく）	19141015				
皮革製品	19340108				
日傘	19311005				
罷工（ひこう）	19250927				
飛行機	19250620				
百貨店	19260514				
平準相場	19191113	19191211			
肥料	19191120	19300210	19300616		
品位変更	19200129				
品質証明機関	19120610				
品目表	19290520				
封鎖撤去	18930808				
風俗	19060108				
フォーク	19260717	19260719			
服地	19331120				
服地毛織物	19311109				
婦人用絹靴下	19290520				
ブックレート（ブックレット）	19210627				
仏国汽船	19060828	19060918			
部分品	19190707				
プリズム	19110405				
文具雑具	19310727				
文房具	19331204				
米価	19080818	19090118	19111025	19120901	
平価切下	19320530	19320704			
米況	18980228	18990208	18990508	19130320	
米穀	19210912				
米穀共進会	19090705				
米穀市価	19071128				
米穀相場	19080503				

米作		18981108	18990908	18990918	19050128	19060923	19121201
19130410	19160731	19171112	19271220	19280124			
米作柄		19270111	19270615	19320111	19330220	19330424	
米作柄状況		19300113	19301201	19310413	19321114	19330109	19331030
米作柄不良		19320111					
米作柄予想		19250330	19300113	19330220	19330424	19340305	19340416
19340521	19340618						
米作近況		19131110	19140112	19140129			
米作景況		18920108					
米作実収高		19130410					
米作週報		19150429					
米作状況　（暹羅）		19110320	19110420	19111201	19111210	19121201	19130707
19130821	19131009	19141008	19141210	19141214	19141221	19141228	19150118
19150204	19150222	19150225	19150308	19150311	19150318	19150327	19150401
19150405	19150422	19151209	19160120	19160217	19160224	19160316	19160327
19160413	19160911	19161009	19170201	19181223	19231203	19271115	19300714
米作付段別及産額		19160731					
米作の水害		19171112					
米作予想		19070208	19081113	19130120	19271220	19280124	19300113
ペスト		19160306					
貿易		18990118	19130201	19310406	19310525		
貿易一斑		18951101	18990118				
貿易概況（インドシナ）		19011210					
貿易概況　（暹羅）		19240929	19250315	19250726	19250906	19261105	19261107	19330213
貿易概況　（盤谷）		19010625	19020510	19220330	19220406	19220615	19221116
19231217	19240417	19240505	19240804	19240911	19241110	19270316	19271207
19420125							
貿易概況　（盤谷港）		19220703	19220810	19220914	19221023	19221221	19230125
19230712	19230827	19231001	19231112	19240121	19250217	19280702	19281217
19300113	19300818	19310427	19310720	19320321	19320801	19320905	19330130
19330206	19330320	19330417	19330424	19330605	19330731	19330925	19331113
19331218	19340122	19340326	19340521	19340618	19340625	19340723	19340903
19340917	19341126	19350210	19350410	19380625	19390410	19390725	19390925
19391025	19391210	19400510	19400525	19400710	19400825	19400925	19401110
19410425	19410510	19410625	19410810				
貿易概要		18971215					
貿易額		19000810	19210328	19210328	19211024	19390625	
貿易関係		19200715					
貿易景況		18910703	18910704	18920919	18931005		
貿易月報		19220515					
貿易国別統計		19331113	19340122				

| 貿易状況　（日暹） | 19240327 | 19320404 | | | | |
| 貿易状況　（盤谷） | 19211205 | 19220213 | 19240505 | 19390525 | 19370725 | |

貿易状況　（盤谷港）
19210502	19210602	19210707	19210808	19210829	19211121
19220119	19321031	19321114	19321205	19350410	19350710	19360125	19360610
19360725	19360910	19361010	19361210	19370210	19370310	19370610

貿易情況	19021113
貿易上主要相手国	19250712
貿易総額	19220615
貿易促進策	19250628
貿易統計　（東洋各港）	19120705

貿易統計　（盤谷港）
| 19120515 | 19330417 | 19340903 | 19350210 | 19351025 | 19360325 |
| 19370825 | 19380125 | 19380225 | 19380525 |

貿易年報　（暹羅）
| 19140108 | 19200510 | 19210726 | 19220325 | 19290522 | 19360210 |
| 19370625 | 19380310 | 19240628 | 19261107 | 19280318 |

| 貿易年報　（暹対日） | 19290430 | 19300331 |

貿易年報　（盤谷）
| 18990808 | 19010331 | 19020210 | 19050313 | 19050428 | 19060525 |
| 19061203 | 19080118 | 19160306 | 19181118 |

貿易年報　（盤谷港）
| 19090128 | 19091201 | 19101115 | 19111220 | 19121120 |

貿易品	19280107	19300217
貿易品価格	19251013
貿易品価額統計	19320125

貿易品別統計
| 19301201 | 19340212 | 19340305 | 19360325 | 19370310 |

帽子	19131006	19141116
邦人	19300721
紡績業	18990508
包装	19050818
暴騰	19111025	19141124
ボギー貨車	19211003
ボギー車	19250225
ボギー車装具	19251130
北部鉄道	19130115
保険事業	19310824
星糸（ほしいと）	19041024
補助銀貨	19200129	19200329
北方線　（鉄道）	19151129
北方線工事（鉄道）	19090605

本邦	19251013	19280107	19300127	19320125	19331218	19340514
本邦汽船	19060803					
本邦産	19100310	19121205				
本邦産手拭地	19121205					
本邦商品	19161207	19190626	19300707			
本邦諸雑貨	19101120					
本邦人	19030326					
本邦製稲扱器	19030718					
本邦製各種革具製品	19100120					
本邦製骨牌	19210606					
本邦製雑貨	19141116					
本邦製人造絹織物	19301124					
本邦製造業者	19331211					
本邦製婦人用絹靴下	19290520					
本邦製浴巾（よくきん）	19171108					
本邦船舶	19170319	19180428				
本邦品	19190609	19190710	19200809	19261023	19320125	19340416
19341001　　19341217						
本邦輸出貨物	19050818					

ま行

巻煙草	19210627						
枕木	19090303						
曲木（まげき）椅子	19160207						
燐寸（マッチ）	19070118	19121025	19141124	19220907	19270409	19320418	19330123
燐寸（マッチ）業	19060313						
燐寸（マッチ）輸入業者	19121025						
燐寸（マッチ）輸入商	19100225						
マングローブ林	19250424						
万年筆	19310727						
ミントバー	19230118						
無酒精飲料	19250719						
無線電信所	19190707						
名刺	19160217						
メイ・ヤング材	19260609						
メナン（ム）河口	19320502	19320801	19330130	19330327			

メリヤス（莫大小）	19101120	19160124	19171001	19181205	19200209
メリヤス（莫大小）製造業者	19181205				
メリヤス（莫大小）製品輸入状況	19171001				
綿麻布類	19340521				
棉花	19110820	19131120	19140115	19160214	19280409
綿花	1885下半期				
棉花栽培	19110820	19140115	19140409	19160214	
棉花作	19150128				
棉花試作	19111210				
綿、毛、絹織物	19331218				
綿製品	19210905				
綿縮（めんちぢみ）	19160330				
綿布	18890930	19260717			
綿布会社設立	19211208				
綿棉花耕作	19101220				
綿毛布	19141015	19261023			
木材	19020410	19121025	19250117	19250620	
木材工芸品	19111025				
綟子（もじ）織	19041114				
モスリン（毛斯倫）	19130728				
模造	19131002				
籾	19200617				
籾米	19080328				
籾米収穫高	19180131				
籾摺（すり）機	19250812				
モルヒネ	19080418	19140806			

や行

薬種	19190724	
薬品	19190724	
野菜類	19330320	
椰子（やし）	19120610	
椰子（やし）樹	19220703	
郵便航空路	19301124	

郵便（物）料金	19210404	19210502	19210908			
有望事業	19240602					
輸出解禁	19310907					
輸出貨物	19050818					
輸出牛	19111015					
輸出業者	19210912					
輸出商	19281224					
輸出商況	19111005					
輸出状況	19160214	19250117	19261103			
輸出税	19221016					
輸出統制法	19360725					
輸出取扱商	19260115					
輸出入額	19320919	19321031	19330109			
輸出入港別統計	19340326					
輸出入申告書	19290520	19300331				
輸出入統計	19321219	19330206	19330410	19330515	19330605	19330925
輸出入貿易	19090318					
輸出入貿易概況	19320808	19320815	19320822			
輸出入貿易状況	19320321	19320801	19320905			

輸出入貿易統計
（盤谷港）

	19090413	19090720	19090805	19090920	19091025	19091205	19100120
19100205	19100305	19100410	19100510	19100610	19100710	19100905	19101120
19101125	19101220	19110120	19110205	19110220	19110325	19110501	19110610	19110620
19110710	19110820	19110915	19111015	19111115	19111210	19120205	19120315	19120415

輸出入貿易統計表	19080928					
輸出貿易	19250705					
輸出貿易促進策	19250628					
輸出米	19010725	19120610	19120901			
輸出余力	19260916	19270111	19280124			
輸入額	19210905	19221005	19251020	19261019	19300616	
輸入関税	19320125	19330529				

輸入業者

	19101120	19121025	19250205	19330320	19331113	19331218
19340108	19340402	19340416	19340521			

輸入国別統計	19330710	19331218	19340305			

輸入商

	19140423	19160124	19190710	19190724	19191120	19200809
19210606	19251001	19260707	19260719	19261023	19271222	19290527	19290617
19331120	19331204	19340611				

輸入状況　（インド）	19220907

輸入状況　（暹羅）	19190724	19210907	19250408	19250719	19261022	19261027
19261029　　19261030	19261101	19300428	19341112	19350225		
輸入状況　　（盤谷）	19300331	19311109				
輸入商社名	19331023					
輸入商人	19090805					
輸入申告書	19300331					
輸入税	19270409	19320711	19331002			
輸入税率	19330814					
輸入手続	19310803					
輸入統計	19340430	19340521	19340618	19341112	19401110	19410525
輸入陶磁器	19100325					
輸入葉煙草	19320808					
輸入貿易	18990328	19250726	19250802	19260903	19270826	
輸入貿易年報	19200510					
輸入燐寸（マッチ）	19100310					

洋灰（ようかい）	19300505	19321219	19330109	19330206	19330410	19330515	19330605
−セメント　　19330710	19330925	19331002	19331113	19331218	19340122	19340305	19340326
19340430	19340521	19340618	19340903	19341112	19350210		

洋灰工場	19301013	
養蚕（ようさん）業	19221106	
洋燈（ようとう） 　−ランプ	19150712	
浴巾　（よくきん）	19171108	
予想	19330220	

ら行

来航	19070703	19071003
来航者	19170201	
来航船	19180307	19180520
来航船舶	19170409	19191009
ライスペーパー	19210627	
ラングーン市況	18990228	18990318
ラングーン港米況	18990208	

ラングーン（蘭貢）米況	18990228	18990408	18990428	18990508	18990528	18990608
18990628　　18990828	18990918	18990928	18991008	18991108	18991118	19030728
19030828　　19031013	19040723	19040728	19041208	19050108	19050228	

ラングーン（蘭貢）米商況	19030623	
ランプ	19141116	
領事館令	19170816	

旅券	19151122
旅行者	19151122
旅商（りょしょう）	19271206
燐酸（りんさん）質肥料	19191117
リンネル	19230326
レース類	19110705
レッテル	19180520
論調	19310406

編集者紹介

南原　真（なんばら　まこと）

1956 年生まれ

東京経済大学　経済学部　教授

1998 年　Ph.D. ロンドン大学 SOAS

（主要著作）

「タイにおける英国ボルネオ社の事業活動―1920 年代後半から 1930 年代前半までのチーク事業―」
『東経大学会誌』265 号, 2010 年

「戦前の三井物産のタイにおける事業展開について―1924 ～ 1939 年を中心として―」『東経大学会誌』
247 号, 2005 年

「1930 年代のタイにおける外国人アドバイザーとタイ人の確執：経済政策論争と経済ナショナリズム」
『アジア経済』（アジア経済研究所）第 41 巻第 12 号, 2000 年

"Economic Plans and the Evolution of Economic Nationalism in Siam in the 1930s," SOAS, the
University of London, Ph.D. thesis, 1998

『タイの財閥―ファミリービジネスと経営改革』（共著）同文舘出版, 1991 年

「領事報告」掲載タイ（暹羅）関係記事目録, 1885-1943年

2019年2月27日　　初版発行

編　集　者　　**南原　真**

定価（本体価格2,778円＋税）

発行所　　株 式 会 社　　三　恵　社
〒462-0056 愛知県名古屋市北区中丸町2-24-1
TEL：052（915）5211
FAX：052（915）5019
URL：http://www.sankeisha.com

乱丁・落丁の場合はお取替えいたします。
ISBN978-4-86487-639-1 C3030 ¥2778E